男孩成长攻略之 责任篇

追逐梦想我从容

MK·艾尔曼 著
田科武 译
罗宾·西尔弗曼博士 学术顾问

北京师范大学出版集团
BEIJING NORMAL UNIVERSITY PUBLISHING GROUP
北京师范大学出版社

图书在版编目(CIP)数据

追逐梦想我从容／（美）艾尔曼（Ehrman, MK.）著；田科武译. —北京：北京师范大学出版社，2012.5
（男孩成长攻略）
ISBN 978-7-303-14368-9

Ⅰ. ①追…　Ⅱ. ①艾…　②田…　Ⅲ. ①男生－中学生－心理健康－健康教育　Ⅳ. ①G479

中国版本图书馆CIP数据核字（2012）第076797号

营销中心电话　010-58802181　58805532
北师大出版社高等教育分社网　http://gaojiao.bnup.com.cn
电子信箱　beishida168@126.com

ZHUIZHU MENGXIANG WO CONGRONG

出版发行：北京师范大学出版社 www.bnup.com.cn
北京新街口外大街19号
邮政编码：100875
印　　刷：北京盛通印刷股份有限公司
经　　销：全国新华书店
开　　本：148 mm × 210 mm
印　　张：6
字　　数：148 千字
版　　次：2012 年 5 月第 1 版
印　　次：2012 年 5 月第 1 次印刷
定　　价：25.00元

策划编辑：谢雯萍　　责任编辑：谢雯萍
美术编辑：毛　佳　　装帧设计：锋　尚　曹　春
责任校对：李　菡　　责任印制：李　啸

和你一起成长

亲爱的，当你捧起这本书的时候，我要恭喜你：你已经进入了一生中最美好的时光之一——中学时代。

作为父亲，我一直不希望自己的女儿小田田长大。小田田五岁时，我在心里说，希望她永远五岁。当她七岁时，我希望她永远七岁。当小田田十岁时，我又对自己说，希望她永远停留在十岁。

我这样说，一方面是希望把小田田最快乐、最可爱的样子永远固化在我的人生岁月里，另一方面也隐隐地表达出我对她独自应对成长压力和挑战的担忧，我希望她永远处在父爱的羽翼之下。

可是，小田田还是一天天长大了。年初，她度过了自己的11岁生日，再过一年多，她就要和你一样，跨进中学的门槛了。

家长为孩子担忧是人之常情，但是这不应该成为我们阻碍孩子成长的理由，事实上，我们也阻止不了他们的成长。其实，中学时代是多么地令人激动啊！你逐渐摆脱对父母的依赖，开始自主思考，自由表达自己的意见并独立做出选择；你可以学到许多新知识，参加许多新活动，从而打开认识世界的新窗口，获得更加强烈的成功体验；你可以结交许多新朋友，体验更加丰富和深刻的情感和友谊，享受成长进程中的乐趣和惊喜……

当然，这个阶段的你也会面临许多新的压力和挑战。家长和教师对你的期望是不是太高了？没完没了的课外活动是不是让你分身乏术？团队合作中的分歧和冲突是不是让你难以应付？你会不会在坚守自我与融入群体间纠结不已？负面标签和同伴压力是不是让你有喘不上气来的感觉？

是的，这些压力和挑战可能都是客观存在的，但是，我同时要告诉你的是：第一，不只你一个人这样，几乎所有的中学生都可能遇到这些压力和挑战；第二，现在的你比以前更加成熟理性，拥有更多应对压力和挑战的方法和技巧。只要你愿意，一定可以战胜它们；第三，你有没有想过，当战胜了这些压力和挑战后，你会出落得更加坚强、更加伟大？这，不正是你所需要的吗？

现在，一套专门为中学男生量身打造的丛书《男孩成长攻略》终于引进出版了。在这套丛书中，你会读到近50个与你一样的男孩子的成长故事，可以从中了解当代中学男生面临的主要压力和挑战，随后的专家点评和意见建议，深入浅出、切实可行，为你提供了如何应对这些压力和挑战的方法和技巧。我很高兴参与了丛书的译介工作。如果丛书能够帮助你成功应对成长过程中的烦恼、陪你顺利度过难忘的中学时光，我将感到无比的荣幸和自豪！

田科武

（《北京青年报》常务副总编辑、系列丛书译者）

2012年4月4日

目 录

Contents

Responsibility

认识罗宾博士

罗宾·西尔弗曼博士非常喜欢和年轻人在一起。事实上，这是她最擅长的事情。作为一名青少年发展研究专家，罗宾博士的整个职业生涯都在帮助像你一样的男孩子成为他们想成为的人——甚至可能是超越了他们想象的人。通过阅读《男孩成长攻略》系列图书，你会了解到她就朋友、女孩子、同班同学、学校、家庭以及男孩子面临的其他种种问题提供的专家意见。

作为一名自尊和身体意象领域的专家，罗宾博士喜欢从积极的角度看待生活。她知道，在当今社会，做一个孩子有多么的艰难。她愿意给你提供支持和鼓励，帮助你成为最好的自己，实现自己的目标。

罗宾博士帮助年轻人分享他们最狂野的梦想及面临的最棘手的问题。她的同情心、开明态度和坦诚，使她深受许多青少年的信任。她认为，能够和今天的年轻人、她眼中的未来领导者打交道是上天赐予她的一份礼物。罗宾博士首创了“强力语言性格塑造系统”，世界各地的武术及其他体育运动项目中都教授这一系统，以帮助像你一样的男孩子在其所在社区成为他人的榜样。

作为一名演说家、成功培训师和获奖作家，罗宾博士掷地有声的演讲影响了许许多多人。她的专家意见也时常被《预防》（*Prevention*）杂志、《养育》（*Parenting*）杂志、《美国新闻和世界报道》（*U.S. News and World Report*）杂志和《华盛顿邮报》（*Washington Post*）等媒体重点报道。她是《泰拉秀》（*the Tyra Show*）、福克斯新闻（*Fox News*）以及美国全国广播公司（NBC）旗下的LXtv的专家。你可以在推特（Twitter）和脸谱（Facebook）上关注她，成为她的粉丝，在她的个人网站www.DrRobynSilverman.com上阅读她的博文。在不工作的时候，她喜欢和家人一起待在新泽西的家中。

罗宾博士认为，年轻人是有待开发的巨大财富，而不是需要解决的问题。正如她所说，“男孩子们其实比媒体报道的好多了。他们有很多值得称道的地方。我要重点关注男孩子是如何取得成功的，为他们提供建议，让他们知道通过什么样的途径可以把自己的青少年期变成迄今为止一生中最美好的年华……如果你也加入进来，我会不胜感激。”

Responsibility

开篇的话

当回望自己的人生历程时，我常常说，成长是我做过的最艰难的工作。你会不会觉得此时的你不再是小孩子，但也不是一个完全的成年人？这个嘛，正是成长过程中最难应对的。过去我曾一次一次地问自己：人们对我有什么期望？如果我把事情搞砸了，那会怎么样呢？你可能觉得，只有你一个人怀疑自己能否达到人们的期望。你可能想知道，自己为什么要这样怀疑。我知道，我也这样怀疑过。

或许，你对自己该如何行动，应该有什么样的外部形象，在不同的场合该说些什么，感到困惑不已。或许你对钱以及如何花钱之类的事情感到好奇。或许你觉得受到来自朋友或电视的压力，因为它们让你把钱花在什么什么地方，这样你便可以展现出什么什么样的形象。“真正的男人”意味着什么？你应该表现出什么样的行为？当你有了更多做决定的自由同时也意味着更多责任之后，你会做些什么？在本书中，你会读到一些男孩子的故事，他们为自己应该有什么样的外表、穿着什么样的衣服、如何与人交谈（特别是与女孩子交谈）感到担忧。书中还有一些男孩子，他们面临着从事非常危险的事情的压力。这些非常危险的事情包括酗酒、吸毒——甚至还有比这更危险的。你会发现，他们中有的人做出了正确的决定，有的人的决定并不那么正确。

并非你面对的每一个问题，都有简单的解决办法。而且有时候，对于自己该如何行动，你可能做出糟糕的决定。但是，如果你付出一些努力，愿意承认自己的错误，并获得几个重要的人（比如，你的朋友，家人或你敬重的人）的帮助，你会发现，你具备渡过难关的能力。劫后余生的你，会比之前更好，更聪明，也更加成熟，这就是“成长”的真正含义。

同时，不要忘记让自己开心。虽然你可能面临种种问题和困惑，但你同时也进入了一生中最美好的时光之一。这时候的你可以做更多的事情，游历更多的地方，认识更多的朋友。如果事情的结果与你的期望不完全吻合，并不意味着你有什么地方出了问题，相反，这是一个让你变得更好的机会。所以，请做好准备，看看接下来会发生什么。

祝你好运！

MK

BOY

Chapter 1

第一章　顶住广告的诱惑

有了钱，就有了我们不希望有的东西——责任。具体来说，是就如何处理钱做出明智决定的责任。你应该把钱存起来吗？你应该把钱花掉吗？如果是花掉，花在什么上面呢？

要想明白如何处理钱是一件很困难的事情。不过，当你成为广告针对的对象，而那些广告总是想让你把钱花在购买各种各样不同的东西之上时，想明白这个问题就更加困难。你知道吗，你这个年龄段的孩子是广告商针对的主要对象人群之一？当所有出现在你面前的人突然间都听着相同的音乐播放器，或穿着带有同样标签的衣服时，你会怎么做呢？有

时候，这足以让你觉得自己像个另类或失败者，或者让你怀疑是不是所有人都知道某件事情而你却一无所知。路德的遭遇就是如此。你可以说，路德见识了遭遇“全场紧逼”是个什么样的滋味。

你知道吗，你这个年龄段的孩子是广告商针对的主要对象人群之一？当所有出现在你面前的人突然间都听着相同的音乐播放器，或穿着带有同样标签的衣服时，你会怎么做呢？

路德的故事

从会走路时起，路德的生活就一直围着篮球转。晚饭后，路德会趁着天还没有完全黑下来，跑出去在私家车道上打一会儿篮球。周末下午，他会来到公园，那里总有临时组织的篮球比赛。路德个头高，运球快，投篮技术好，所以从来不必担心自己会成为最后一个被选中的球员。

上初中后，路德很轻易地入选学校篮球队，成为一名正式球员。不过，第一次出现在球场参加训练时，路德注意到队友们全都穿着带有熟识标志的篮球鞋。而他呢，穿的是妈妈从折扣商店里买回来的一双朴素的运动鞋。这是路德记忆中第一次感到难堪，并因此对自己在球场上的表现感到不自信。

问题与思考

- 你有过和路德一样的经历吗？后来怎么样了？
- 对路德来说，穿着和其他队友同样的鞋子非常重要吗？如果是，为什么？如果不是，又是为什么？

当天晚餐时，路德宣布：“妈妈，爸爸，我要一双新运动鞋。”

“你现在的那双怎么了？”路德的妈妈问，“差不多还是全新的。”

“只是它们不是正确的鞋。”最后，路德低头看着桌子说。

“好吧，”路德的爸爸说，“如果想要新运动鞋，可以拿这个夏天修剪草坪挣来的钱去买。”

“但是，爸爸，你知道的，我存钱是要买美国男子职业篮球联赛（NBA）的入场券的。”路德大声说道。

“对不起，儿子！”路德的爸爸说，“但是就得这样。我们买不起你想要的任何东西。”

问题与思考

- 当路德说他的运动鞋不是“正确的鞋”时，其真正意思是什么？这个说法很好地回答了他母亲的问题了吗？如果是，为什么？如果不是，又是为什么？
- 你遇到过这样的情况吗——你想买两样东西，却只付得起一样东西的钱？那是在什么样的情况下？你当时是怎么做的？

在学校，路德碰见了他的篮球队教练，便决定和教练说说他的尴尬处境。

“布雷登教练，”路德问，“我有必要买一双不一样的运动鞋吗？”

布雷登教练看上去一脸茫然。“我们的规定只是说，你上场时得穿着篮球服和合意的运动鞋。你有什么理由觉得自己现在的鞋不合意呢？”

路德解释说，其他队友们似乎都穿着和NBA球员同一个牌子的运动鞋——就是在广告牌和商场里打广告的那个牌子。而路德呢，他鞋子的牌子，队友们之前都没有听说过。

“好吧，路德，”布雷登教练说，“确实，有些牌子的运动鞋具有的某些特性，比如，额外的缓冲、更大的柔韧性等等，可能对你的运动有帮助。但是，你可能仅仅因为运动鞋的名字和设计而支付额外的费用。要不要为这些东西支付额外的费用，取决于你自己。我关心的是，你尽全力好好打球，对你的队友，我也关心同样的东西。”布雷登教练给了路德几本杂志，上面有一些制鞋公司以外的人撰写的有关各种新品运动鞋的评论文章。“或许这些评论能帮助你做出决定。”布雷登教练说。

问题与思考

- 职业球员推荐某个品牌的鞋子，是不是就意味着这个牌子的鞋子比其他牌子的鞋好？如果是，为什么？如果不是，又是为什么？你仅仅因为某个名人推荐而购买过某种东西吗？
- 你认为布雷登教练为什么要给路德这些杂志？他不能直接告诉路德该如何做、该买哪个牌子的鞋吗？他为什么没有这么做？

路德来到商场，进入一家运动鞋专卖店开始试鞋。在鞋子旁边，是和推荐这些鞋的NBA明星们真人一样大小的硬纸剪影。路德拿一双与他大部分新队友的鞋有着相同设计和标识的鞋子试了试。“多少钱？”路德问售货员。“这双鞋是刚刚上市的新款。”售货员回答说，“180美元。”180美元，和路德手里的钱刚好一样多。路德把手伸进自己的运动包，教练送给他的那些杂志不经意地露了出来，路德这才意识到，这些杂志他还没有读，NBA的门票也还没有售光。另外，今天也没有人因为他穿了一双旧鞋子要将他踢出球队。

“要现在给你结账吗？”售货员问。路德看着穿着新鞋子的脚，那双普通的旧鞋子就在新鞋子旁边的地板上。

“谢谢。”路德最后回答说，“但是，我还得先做点研究。”

问题与思考

- 你认为路德最后会做出什么样的决定？如果是你，你会怎么做？为什么？
- 你认为当路德看到那双新篮球鞋和自己那双朴素的鞋子时，他脑子里在想些什么？

路德认识到，每一种选择都会有牺牲。映入眼帘的无处不在的广告（电视上，大街上，体育比赛现场，甚至视频节目里），使他更加难以做出决定。而且许多广告都是直接针对路德以及与其同龄的孩子的。广告中常常出现青少年梦想成为的人的形象。这些广告试图使人们将他们羡慕的商品品质与某种产品、品牌及其可识别的标识联系起来。当许多人相信某个品牌时，其他人便很难不跟进。这已不单单是有没有钱的问题，而是在面临巨大压力时我们是否具备清醒思考的能力的问题。

和你信任的某个人谈谈你的决定，常常有助于你做出更明智的选择。当然，你受的教育越多，做出的决定越明智。这样，你未来不仅可能成为一个聪明的消费者，也可能成为一个自信、自立的成年人。

应对小贴士

1．把你的需求和需要列个单子。清楚地知道哪些是你真正需要的，哪些是你真正想要的，哪些东西即便没有也无所谓。

2. 向他人寻求建议。向拥有某种产品的人询问他们的体验。从了解该产品的人那里获取信息。在互联网上和图书馆里搜索关于该产品的独立评论。记住：广告存在的目的就是为了让你购买。

3. 慢慢来，别着急。缺乏耐心的购物者常常会后悔。

4. 提高媒介素养。学会仔细审查获得的信息，了解广告中的图像、文字和色彩都是精心挑选的，为的是引诱你去购买。

最后的告诫

如今，我们生活在一个充满了标识、品牌和没完没了的广告的世界里。当你年龄增大，到了不得不开始就如何花钱做出决定的时候，你就会开始意识到，有选择就会有牺牲。如果你买了一件东西，就买不起其他的东西。顶住压力，不管这压力是来自你的同龄人、售货员，还是电视广告。在你决定某件东西是你想要的或需要的之前，不要让自己觉得有购买的压力。

Chapter 2

第二章　面对家庭冲突不逃避

很少有人会忘记自己的第一份工作。工作挣钱让人感到满足，让你觉得自己即将成为独立的成年人。自己挣钱，可能让你有机会用它购买一些额外的东西，不过，有些情况下，这可能让你忘了自己在多大程度上还需要依靠父母来满足你的大部分需要。自己挣钱确实会让你拥有更多自由，不过，你的父母可能仍会坚持对你进行一些限制。

> 自己挣钱，可能让你有机会用它购买一些额外的东西，不过，有些情况下，这可能让你忘了自己在多大程度上还需要依靠父母来满足你的大部分需要。

会是些什么样的限制呢？设定什么样的限制，取

决于不同的家庭。有时候，拟定限制措施会导致冲突，这听起来似乎很糟糕，但也未必如此。正像萨姆将要认识到的那样，与父母发生冲突并不意味着世界末日。事实上，学会理智地处理冲突，是我们向成人过渡过程中非常重要的一步。

萨姆的故事

下午六点，萨姆把最后一只狗——一只个头很大的杂种狗——露西带回格林沃德家，一天的工作就结束了。大概两个月前，萨姆的父母对他说，他们会给萨姆提供他需要的一切东西，但是，如果想买“奢侈品”，他得自己付钱，那意味着他得去工作。他们以这样的方式教萨姆如何负责任地花钱。

萨姆想到了为邻居遛狗的主意，而且遛狗非常适合他。萨姆每天遛六只狗，每只狗每天遛两次，遛一只狗获得报酬一美元。萨姆小心地把遛狗所得的一半存起来，所以他的收入增长很快。萨姆存下来的钱由父母保管着，他们还将他挣来的钱写在冰箱上的写字板上。今天，萨姆准备把这些钱花掉。

“妈妈，爸爸！”回家后，萨姆对父母说，“现在能把钱给我吗？我想去买样东西。”

“当然可以。”萨姆的爸爸回答道，“钱是你的。你想买什么呢？”

“一只狗。”萨姆回答说。

萨姆的爸爸说：“不行！”萨姆听后，感到非常生气和失望。

问题与思考

- 你有过为买某个东西而存钱但最后父母却不让你买的经历吗？你要买的东西是什么？后来怎么样了？
- 你认为如果萨姆自己存钱的话，他应该买只狗吗？如果是，为什么？如果不是，又是为什么？

“但是，爸爸，”萨姆反驳道，“你说过钱是我的。”

“是的，钱是你的。”萨姆的爸爸回答道，“但是，你还是我儿子呢。这家里是我和你妈妈拟定规则。我们不准你买狗。”

萨姆很生气。“这不公平！”萨姆说，“你们骗我。”

“你不能这样和父母说话。”萨姆的爸爸回答道，“这还是我们的家。你住在家里，就得遵守我们的规则。”

没过一两天，邻居们开始冲着萨姆家的房子喊，纳闷他怎么不来帮他们遛狗了。萨姆甚至也不接电话，任由电话转到语音留言系统。萨姆的妈妈发现这些语音留言后，想弄明白萨姆为什么不再遛狗了。

“如果我都不能用自己的钱买我想要的东西，我还挣钱干什么？”萨姆问道。

萨姆的妈妈思忖片刻，说：“我想我们应该召集一个家庭会议。”

问题与思考

- 你如何看待萨姆的爸爸不让萨姆买狗的理由？
- 你如何看待萨姆不再继续工作的决定？如果是你，你会如何处理眼下的难题？

萨姆的爸爸回家后，一家人围坐在餐桌前。萨姆说，他之所以去工作，首先是因为他们说他需要学学如何管理自己的钱。现在他想做个决定，但他们却不同意。

萨姆的爸爸说，买只狗跟买件新衬衫不同。虽然萨姆有丰富的遛狗经历，但是，全天候照顾好一只狗是一个巨大的责任——一个会影响整个家庭的巨大责任。

“你研究过如何训练狗狗吗？”萨姆的爸爸问，“你知道训练一只小狗需要花费多少时间吗？它们需要很多照料和关注。”

萨姆承认自己没做过这方面的功课。“如果这些事情我都清楚了，那时我能买吗？”萨姆问。

“好吧，”萨姆的妈妈说，“你为什么不做些研究呢？好好想想这事，如果到了16岁生日你还是想要一只狗，那时我们可以考虑。那样的话，我们知道你不是贸然做出了一个糟糕的决定，这样成吗？”

在萨姆看来，这建议听起来很在理。“好吧。”萨姆说。之后，他抓起自己的外衣，向大门走去。

“你要去哪里？”萨姆的爸爸问。

“我现在就去格林沃德家。”萨姆说，“否则，我会失去一个客户。”

问题与思考

- 你认为萨姆家提出的解决方案怎么样？如果你是萨姆，你对此方案满意吗？如果满意，为什么？如果不满意，又是为什么？
- 萨姆为什么突然开始对失去客户很在意，而之前却不在乎呢？

Responsibility

罗宾博士点评

一边是男孩子渴望独立，一边是父母渴望保持对男孩子的控制，并设定可以接受的行为的边界。当二者发生抵触时，冲突往往就会产生。在以上个案中，萨姆试图给自己买一只狗，以表明自己的独立。为此，他开始通过工作赚钱。萨姆觉得有必要买一只狗回来，大人不应该允许他花钱买狗吗？但是，萨姆的父母担心儿子可能犯下严重的错误。再者说，家庭规则仍然是由父母两个人拟定的。

对于此问题，并没有什么简单的答案。不过，我们仍然可以提出有助于成功解决狗狗问题的几个因素——至少是暂时解决。注意：当萨姆和家人讲话时彼此都很愤怒的时候，是不可能找到解决办法的。但是，通过平静而坦率的交流，萨姆能够更好地理解父母为什么反对他买狗，萨姆的父母也能更好地了解萨姆何以会产生买狗的想法。只有在这个时候，他们才能提出解决冲突的方案——这个方案既承认父母仍然存在权威，同时也让萨姆展示其具有做出是否买狗决定的足够的成熟和责任。这是一个双赢的局面。

应对小贴士

1. 冲突，尤其是与父母的冲突，是不可避免的。学会接受这种不和谐。与父母发生冲突，并不表明你的父母不爱你，或者不在乎你的感受。面对冲突时仍能保持良好的关系，关键是要学会妥协。

2. 把什么都藏在心中，并不能解决冲突。学会把你的感受告诉父母，并且不要忘了交流的另一重要方面：倾听。

3. 你可以说出自己的感受，但是，最好等到你内心平静之后再说。在受到伤害或愤怒之时讲出的话，无助于问题的解决。

最后的告诫

生气的时候做决定，是非常危险的。庆幸的是，萨姆的家人没有退缩，而是提出了一个帮助萨姆走向更加独立、更加理智决策的办法。记住：坦诚对话、学会妥协有助于我们解决彼此间的冲突。

BOY

Chapter 3

第三章　金钱能买到友谊吗

那么，谁需要钱呢？这问题太简单了，不是吗？每个人都需要钱。有了钱，你可以买你想要的东西——从放学后吃的比萨饼到热门的新视频游戏。不知什么原因，仅仅是口袋里有钱，就可以让你感觉良好。但是，金钱如火，如果你不理智地处理，会被钱灼伤的。

你可能发现，当你平生第一次负责花费你自己的钱时——比如，当你第一次得到真正的零用钱时——它带来的问题与它能解决的问题一样多。是把钱花在你现在想要的东西上，还是把钱存起来将来买个更大的东西？紧接着，你会面临着一个令人恼火的事实——不管你有多少钱，你都不可能买下你想要的每一件东西。

最难对付的是，我们有钱或没钱，会改变我们对自己以及别人对我们的看法。你知道“金钱买不到爱情”这个说法吗？是的，正如曼尼很快就会发现的一样，金钱也买不到友谊。即使能买来友谊，也不可能长久。

你可能发现，当你平生第一次负责花费你自己的钱时——比如，当你第一次得到真正的零用钱时——它带来的问题与它能解决的问题一样多。

曼尼的故事

曼尼长时间看着自己的钱包，以确认自己不是在做梦，但是，它就在那里——一张平展的50美元现钞。曼尼从来没有觉得比那一刻的自己更加富有。曼尼的父母认为，曼尼已经长大了，可以每月给他一些零用钱了，而今天是零用钱发放日。曼尼迫不及待要到学校里去，好向他人吹嘘一番，特别是吹给他的好朋友塞利姆听。

课间休息的时候，曼尼不经意地掏出钱包，开始把玩那张现钞。钞票上有尤利塞斯·S·格兰特总统的头像，当曼尼将钞票倾斜起来时，钞票会变颜色。其他一些孩子聚在曼尼四周围观。“曼尼，你从哪里搞到这钞票的？”他们问。

“我父母给的。”曼尼自鸣得意地回答道，“但是，现在它是我的了。”

“你准备把它花在什么地方？”塞利姆问。

“当然是花在朋友们身上。”曼尼回答。

突然间，曼尼觉得自己有好多朋友。

放学后，曼尼宣布：他准备出去吃比萨。“谁想跟我一起去？”全班一半的同学都跟他去了。在比萨屋里，曼尼点了特价的双巨无霸比萨饼。片刻之后，比萨饼就被一扫而光。

问题与思考

- 曼尼在全班同学面前炫耀他的美钞是个好主意吗？如果是，为什么？如果不是，又是为什么？
- 你有过仅仅为了让自己更受欢迎而花钱给他人买东西的经历吗？后来的结果怎么样？

后来，一帮人经过一家视频游戏店。有人指出，店里正在销售一款新的赛车游戏。

“来吧，曼尼，买下这款游戏，我们就都能玩了。”曼尼的同班同学内特说。

“曼尼，你要干什么呀？”塞利姆小声对曼尼说，“你总说内特刻薄，他和他的朋友老是对你不理不睬的，你为什么还要为他们买那款游戏呢？”

但是，内特挤到了他们两个人中间，用一只胳膊搂住了曼尼。“你到底是不是男人，富翁先生？”

曼尼钱包里还有不少钱，所以他想，有什么理由不买呢？

“好吧，到我家玩视频游戏去吧。”曼尼宣布道。每个人都欢呼起来，曼尼现在的感觉比过去很长一段时间都好。曼尼喜欢当“富翁先生”，甚至没有注意到塞利姆没和大家一起来。

- 为什么塞利姆要努力说服曼尼放弃购买那款视频游戏？
- 既然内特和他的朋友们对曼尼很刻薄，曼尼为什么还要请他们吃比萨、玩视频游戏？
- 你有过尽力为从行为表现上看不怎么喜欢你的人做好事的经历吗？后来的结果怎么样？

曼尼的妈妈很快注意到，曼尼和一帮新人混在一起。

“这些人都是打哪里来的？”曼尼的妈妈问曼尼，“我怎么没看见塞利姆和你在一起？我想他是你朋友吧。”

“塞利姆不喜欢像这些男孩子们一样玩乐。”曼尼回答。

“好吧，不过你要保证你这样做不是在收买朋友。”曼尼的妈妈告诫曼尼，“因为照这个速度花钱，你是负担不起他们的。离你拿到下一个月的零用钱还有三周的时间，所以，我希望你把一些钱存起来。”

在曼尼看来，“收买”朋友的想法听起来像是一个笑话。“不要担心，妈妈！”曼尼说，“我的钱还多着呢。”

问题与思考

- 你如何看待曼尼妈妈的建议？
- 你认为当人们有了钱后，其行为会发生变化吗？他们会怎么行动？
- 你认为人们在没有钱的人面前，其行为会发生变化吗？他们会怎么行动？

接下来的一个星期，所有的孩子放学后都跟着曼尼去比萨屋吃比萨。曼尼在桌子边坐下，准备点餐，但是，当他查看自己的钱包时，发现里面一分钱也没有了。曼尼甚至没有钱给自己买一小块比萨。

“呃，对不起，伙计们，”曼尼略显尴尬地说，“我想我的钱花光了，或许有谁可以出钱买今天的比萨。”

“什么？没有买比萨的钱，富翁先生？”内特说，“那样的话，我们就要走了。”突然间，就只有曼尼一个人孤零零地坐在那儿了。

“你的朋友们怎么回事，曼尼？”曼尼听见有个声音在对

他说话。曼尼抬起头，看见塞利姆倚在门边站着。

“你对内特和他朋友们的看法是对的。”曼尼说，“我不敢相信我居然这么傻。我快要饿死了，居然没人愿意买一小块比萨给我吃。”

“得了，至少你现在明白是怎么一回事了。”塞利姆说，“来吧，我们一起吃，我请客。”

“什么？没有买比萨的钱，富翁先生？”内特说，“那样的话，我们就要走了。”突然间，就只有曼尼一个人孤零零地坐在那儿了。

问题与思考

- 你认为曼尼的钱为什么这么快就花光了？他应该如何做才能避免出现这种情况？
- 你得到过零用钱或通过打工挣过钱吗？你有预算吗？如果没有，为什么？
- 你认为曼尼学到了有关金钱和友谊的教训了吗？如果是，那是什么样的教训呢？

Responsibility

罗宾博士点评

花零用钱可能是我们第一次真正处理钱的真实经历。一开始，在我们年纪尚小的时候，零用钱的数额可能很小——只够买放学后的零食一类几件额外的东西。但是随着年龄越来越大，我们负责购买的东西逐渐增多。就是这样，我们经由自己的亲身经历，学会如何处理金钱。有的时候，这些经历就像强悍的老师一样，让人不知如何对付。

曼尼犯了几个基本的错误。他没有事先规划，以确保手里的零用钱能用到下一次发放零用钱的日子。但是，他也从中学到了宝贵的教训：金钱买不到友谊，也不会让你对自己有更好的感觉。友谊和良好的自我感觉必须通过其他不同的方式来获得。现在曼尼已经明白了这些，下一个月他就会变得更加明智。他可以集中精力做好预算，而且他也明白，不要把钱浪费在不能用钱买到的东西或人之上。

应对小贴士

1. 仅仅知道自己花了多少钱，手头还剩多少钱是不够的。制定一个预算——每天你可以花多少钱。一旦有了预算，你就可以开始明智地花钱、存钱。

2. 不要靠记忆来记录你的花销。用笔记下你在什么地方花了多少钱，花钱干了什么，并确保你的消费计划合情合理。

3. 当你想买某个东西时，什么时候都先问一问这东西是你真正需要的，还是仅仅是你想要的。你可以买想要的东西，但要确保优先购买你需要的东西。

4. 钱多存点还是少存点，决定权在你。但是，存钱以防不时之需总是个不错的主意。你永远也不知道钱什么时候会派上用场。

最后的告诫

曼尼在得到下一个月的零用钱之前，可能要过一段艰难的日子，但钱的事就是这样。要真正学会如何处理钱，唯一的办法是让你手里掌握一点钱，哪怕你把钱浪费在了根本不值得的东西之上。犯错误是学习过程中不可避免的。下一次，我们就会谨慎一些，并提前做好规划。要铭记的最重要的内容是：有些东西，比如你的朋友和你良好的自我感觉，不会随价签一起到来。

BOY

Chapter 4

第四章　尊重别人，别人才会尊重你

成长中的男孩子和女孩子，就像手风琴的两个面。当年龄非常小的时候，男孩子和女孩子经常待在一起玩。稍大一些后，男孩子和女孩子就分开了——男孩子和男孩子玩，女孩子和女孩子玩。再往后，男孩子开始再次对女孩子感兴趣，不过是和以前不同且更加令人困惑的方式。

同时，我们非常清楚地意识到自己是男孩子，开始觉得自己应该“像男人一样行动”。难办之处在于，我们真的不知道“像男人一样行动”是什么意思。事实上，没有人真正知道“像男人一样行动”的真实含义，但这并不妨碍大部分男孩子假装他们懂得“像男人一样行动”意味着什么。虽然我们可能从我们看的电视节目或听的音乐中获得一些信息，但我们多半是观察和我们待在一起的其他男孩子并像他们一样行动。而且，像男人一样行动，通常意味着“故作强硬”。有时候，男孩子甚至可能开始故意不尊重女孩子，以证明他并不喜欢她。但是，这不是真正的男子汉应该具备的品质，就像特雷慢慢会认识到的那样。

特雷的故事

我们非常清楚地意识到自己是男孩子，开始觉得自己应该“像男人一样行动”。难办的在于，我们真的不知道“像男人一样行动”是什么意思。

又是一个下午，特雷在做着他经常做的事情：跟好友巴克斯特和诚待在一起。有时候，他们会到其中一个人的家里玩视频游戏，如果天气好，他们会结伴去公园玩飞碟或篮球。他们也喜欢听音乐。特雷来自南方，是听着乡村音乐长大的。特雷甚至还会弹吉他。但是，巴克斯特和诚最喜欢的歌曲中却充满了贬低女孩子的用语。“只有小屁孩才喜欢听那种罗曼蒂克的音乐。”巴克斯特会说。特雷不想显得软弱，所以，他开始与两个朋友听同样的音乐。

特雷记得，当他再小一些的时候，男孩子和女孩子基本是在一起玩的。但是，现在已经不似从前了。巴克斯特和其他男孩子非常“反女孩子”。他们经常支使女孩子干这干那，就好像女孩子完成他们吩咐的事，是分内之责。当女孩子们

拒绝时，诚和巴克斯特会用他们从歌中学到的骂人的话来骂她们。不久，特雷说话的时候也开始使用这些用语。遇到这

种情况，女孩子们通常只是转身走开，咕哝着“这些男孩子真不成熟”或“要像个大人样”之类的话。

问题与思考

- 你喜欢听的音乐类型传递了有关你的什么信息吗？你认为你的音乐偏好说明了什么？
- 你认为三个男孩子为什么开始“反女孩子”？你有过“反女孩子”的时候吗？
- 你有过因为你的朋友说话时使用某个词你也跟着使用的经历吗？

有一天，老师安排特雷写一篇关于电流工作原理的报告。特雷根本不知道去哪里寻找答案，于是向马克斯特和诚求助，可他们也不知道。唯一知道答案的人是莱蒂希亚，他们科学课上最聪明的学生。特雷和莱蒂希亚很小的时候就是朋友，但是近来他们一直没有说过话。特雷试图接近莱蒂希亚，但莱蒂希亚对他就是不理不睬。

“你得帮帮我，”特雷说，“否则，我会不及格的。”

莱蒂希亚哈哈大笑。“是吗？如果你不侮慢我们女孩子，说不定我们中有人会帮你。”莱蒂希亚说完就走了。特雷感到很生气，开始冲她大声谩骂，莱蒂希亚甚至连头都没有回一下。

问题与思考

- 你认为莱蒂希亚不帮特雷对吗？你认为莱蒂希亚对特雷和他的两个朋友议论女孩子的方式有何看法？
- 你有过因为议论他（她）所属的群体而惹得他（她）对你生气的经历吗？后来的结果怎么样？

回到家后，特雷很生气。他径直进到屋里，将书扔到地板上。

“你今天撞了哪门子邪？”特雷的爸爸问。特雷愤怒地讲述了学校里发生的事情以及莱蒂希亚是如何如何不肯帮他。

“好了，如果你拿刚才与我讲话的态度跟她说话，她要帮你才怪呢。”特雷的爸爸说，“你刚才讲的话，听起来很像是从你iPod里播放出来的东西。如果你想让莱蒂希亚帮你，你得尊重她。”

“你这话什么意思？”特雷问。

特雷的爸爸解释说，特雷可能刚刚开始注意男孩子和女孩子存在多么大的差异。

“有时候，这让人感觉不舒服，”特雷的爸爸说，“但是，男孩子永远需要女孩子，女孩子也需要男孩子。你们得学会如何融洽相处。”

问题与思考

- 你认为特雷的爸爸的建议怎么样？有没有人给过你如何对待女孩子的好建议？是谁给了你建议？他（她）是怎么说的？
- 你认为尊重女孩子意味着什么？

第二天，在学校的时候，特雷去找莱蒂希亚道歉。“嗨，莱蒂希亚，我来只是想告诉你，我以前对待你的方式是不对的。我不指望你帮我完成论文，但是我还是要告诉你：我很

抱歉。”

“你能这么说，我很高兴。”莱蒂希亚回答道。沉默了一会儿后，莱蒂希亚继续说:“你知道，我妈妈今天没法来接我，我需要有人帮我把实验用的所有东西搬回家。如果你能帮我搬东西，或许我可以看看能教给你什么关于电流的知识。”

特雷以前帮莱蒂希亚从学校搬过许多次东西回家，对此，他一点儿也不介意，而且和莱蒂希亚待在一起，挺有意思的。

“就这么定了！”特雷说。

放学后，特雷撞见了巴克斯特和诚。他们邀请他一起去公园，但是，特雷拒绝了。“哎，哥儿们！”巴克斯特说，“你要出去玩，和那个……”

特雷及时制止了巴克斯特。“她是我的朋友。”特雷说。

特雷前来帮忙，莱蒂希亚笑了。特雷想，学校不久将举办舞会，或许他可以邀请莱蒂希亚一同前往。

放学后，特雷撞见了巴克斯特和诚。他们邀请他一起去公园，但是，特雷拒绝了。

问题与思考

- 向莱蒂希亚道歉让特雷显得软弱吗？在巴克斯特用贬损人的语言辱骂莱蒂希亚之前打断他，让特雷显得软弱吗？如果是，为什么？如果不是，又是为什么？
- 特雷不与巴克斯特和诚待在一起，他们两个有权利生气吗？如果有，为什么？如果没有，又是为什么？
- 你认为特雷和莱蒂希亚的关系，应该和他们小时候一样，还是应该和小时候不一样？如果是不一样，那怎么不一样法儿？

Responsibility

罗宾博士点评

在成长的过程中，发现自己的男性身份非常重要，也让人感到困惑，如果还牵涉到女孩子，就尤其如此。通常我们指望电视、电影、通俗音乐甚至同年龄的男孩子告诉我们该如何行动。从以上的途径中，你既能发现好的示范，也能发现不好的示范。你看见某种行为正在发生，并不意味着它就是正确的。

关注你接收到的是什么类型的信息，是很重要的。好好想想你听到的歌词和语言。它们要告诉你什么？就特雷而言，他听的音乐，他结交的朋友，都给他提供了不好的示范，这使他难以再次与老朋友莱蒂希亚和睦相处。

幸运的是，特雷的爸爸给他提供了一些如何做男人的好建议，让他从爸爸身上找到了良好的示范。最后，特雷得以认识到，不尊重女孩子并不能让他更像一个男人。我们都是人——男人、女人，男孩子、女孩子。当特雷学会对自己的行为负责（承认自己错了并向莱蒂希亚道歉）并友好地对待莱蒂希亚（给她每一个人都应该得到的尊重）时，他即开始真正理解做男人意味着什么。

应对小贴士

1. 做你自己。你没有理由仿效别人的行为方式（不管这个人是你周围的人，电视上的人，还是音乐中的人）。

2. 尊重别人，才能得到别人的尊重。任何人都不应该仅仅因为自己是男孩子或女孩子，黑人或白人，穷人或富人，而受到更加恶劣的对待。学会尊重每一个人，而后你会发现，你会因此获得别人的尊重。

3. 寻找正面榜样。指望你尊重的人（比如你的爸爸、哥哥、老师）来帮助你理解今天的男人面临的处境。或许你会意识到，你没有自己想象的那么孤单。

4. 不要为了让自己跌倒后爬起来而把别人摁在地上，这表明你不自信，而不是你很强大。

最后的告诫

谁也不曾说过，弄清楚做男人意味着什么，如何和异性交往，是一件易如反掌的事情，但这并不意味着，你就得没完没了地琢磨自己该如何如何行动，从而给自己增加太多压力。记住：如果做男人意味着把别人摁在地上，那你跌倒在地上后永远也不可能成功地爬起来。

BOY

Chapter 5

第五章　什么才是长大的标志

这事早晚都会发生，所以，你最好提前做好准备。有时候，你会面对饮酒的压力。我们在电视上和其他别的地方，随处可见饮酒的画面，着力表现饮酒是快乐的、幸福的、时髦的。要理解饮酒的危险，确实挺难的，特别是在我们尚且年轻的时候。

饮酒对许多事情——包括功课、体育运动甚至人们理解电影或谈话的能力——都会产生负面影响。饮酒还会损害你的身体和大脑，当你还处在发育期的时候尤其如此。不过，最糟糕的是，像香烟一样，饮酒很容易成瘾。

问题在于：没有人放弃软饮料（指不含酒精的饮料——

译者注）而选择烈酒，是因为他喜欢烈酒的味道。他之所以要这样做，通常是因为其生活中缺失了什么东西，或是想证明什么。关注上述事实，有助于你顶住“如果你不饮酒，你就不酷”这种说法给你带来的压力。顶住压力并不容易，但非常重要。对卡洛斯来说，这是重要的人生一课——对你来说也是如此。

卡洛斯的故事

要理解饮酒的危险，确实挺难的，特别是在我们尚且年轻的时候。

卡洛斯单独和妈妈住在一起。卡洛斯的妈妈是个成功的商人，所以，卡洛斯的衣服总是很漂亮，时髦的小玩意儿也很多。唯一的问题是，因为生意的缘故，卡洛斯的妈妈一直搬来搬去，所以，卡洛斯总是交不到什么朋友。而且因为他妈妈对工作总是过分投入，不是外出开会就是在电话里与人谈生意，所以几乎没有时间陪伴卡洛斯，卡洛斯常常感到很无聊。

卡洛斯很嫉妒学校里一个叫贾斯廷的男孩子，他的身边总是围着许多朋友。卡洛斯常常想，他要怎么做才能成为他们中的一员呢。有一天，在放学回家的路上，卡洛斯看见贾斯廷和几个小孩子要去贾斯廷家。

“嗨，是卡洛斯吗？”贾斯廷叫道，“我的家人不在家，

所以我们准备去我家开个派对，你有兴趣吗？”卡洛斯不明白贾斯廷说的派对是什么意思，但是他不想让人以为自己是个傻瓜，所以就没有拒绝。

“当然。”卡洛斯回答道，随后跟着一帮人进了贾斯廷的家。

问题与思考

- 你有过因为觉得不好意思开口问人家而假装知道接下来将要发生什么事情的经历吗？后来怎么样了？
- 你认为卡洛斯当时的做法正确吗？如果是你，你会怎么做？

在厨房里，贾斯廷扔给卡洛斯一听啤酒，就像在做一件自然得不能再自然的事。之前，卡洛斯从来没有喝过任何酒精型饮品。

“你已经不再是小孩子了，不是吗？”贾斯廷对着犹豫中的卡洛斯说。在场的每一个人都冲着卡洛斯反复叫道：“喝了！喝了！”后来卡洛斯将啤酒打开，将之全部喝光。

啤酒味道很难喝。里面有许多泡沫，而且很苦，但卡洛斯还是硬着头皮将口里的啤酒咽了下去。在每个人的叫好声中，卡洛斯喝了第二口，接着是第三口。在场的其他男孩子都在为自己开啤酒。有人给卡洛斯递来一听啤酒，他把那听也喝了。

后来，卡洛斯的记忆逐渐模糊，他依稀记得自己是走回家的。当卡洛斯回到家时，妈妈还没有回来。那天晚上，卡洛斯感到很不舒服，心想第二天早上自己可能会吐。但是，第二天，他妈妈什么也没有提起。当天下午，卡洛斯收到了贾斯廷的短信，他觉得自己已经融入他们之中了——虽然现在他的头还在疼。

问题与思考

- 如果卡洛斯不喜欢啤酒的味道，你认为他为什么还要不停地喝呢？如果是你，你会怎么做？
- 你是否曾经面临着饮酒或做某件你知道不应该做的事情的压力？当时的情形是怎么样的？你最后是怎么做的？
- 你认为饮酒是你长大的标志吗？

几个星期以后，辅导员艾克达先生让卡洛斯来见他。

“卡洛斯，你的几位老师注意到，最近你的学习成绩滑坡，你对学校似乎没什么兴趣，”艾克达先生说，“我想知道，最近是不是发生了什么变化？家里遇到什么问题了吗？”

“我妈妈的工作遇到了一些麻烦，她最近需要我帮她多做些家务活。”卡洛斯回答道。撒谎竟是如此容易，这让卡洛斯感到诧异。卡洛斯没有什么家务活要干，他妈妈雇了人做这些事情。

“好的，下周要举行晚间家长教师会议，”艾克达先生说，“或许我们可以一起坐下来，谈谈如何合理安排，以便你的功课不会受到影响。”不过，卡洛斯一点儿也不发愁。卡洛斯的妈妈太忙了，根本没时间来参加诸如此类的会议。

问题与思考

- 你认为卡洛斯的学习成绩为什么开始下降？卡洛斯学习成绩下降的原因是单一性的，还是多方面的？
- 你认为卡洛斯应该将真相告诉艾克达先生吗？你有过撒谎以掩饰你不想让别人知道你正在从事的某件事情的经历吗？后来的结果呢？

卡洛斯喜欢有些酒友，这让他觉得自己长大了。贾斯廷有个哥哥，有时会给他们一听什么东西让他们喝。有时候，他们会拉别人进商店里给他们买酒。现在他们改喝威士忌了，因为威士忌的瓶子小，藏起来更容易。不久，贾斯廷开始把威士忌带到学校里来，并在操场上偷偷享受他“从家里带来的饭”（他们自己这么说的）。

“我还是回年级教室为好。”贾斯廷手里举着个快要见底的瓶子，“谁想把这瓶干掉？”他们已经喝了不少了，但是卡洛斯想让大家知道自己比在场的任何一个人都勇敢，于是一仰脖，将剩下的酒一饮而尽，操场开始在他周围打转转，他

觉得自己好像要吐了。艾克达先生碰巧从这里经过，他刚一问完“怎么回事”，卡洛斯的身子就弯了下去，瓶子从他手里滑出，在地上摔了个粉碎。

问题与思考

- 你认为卡洛斯为什么想证明自己比他的朋友们勇敢？
- 你有过仅仅为了让你觉得自己长大了而去做你不应该做的事情的经历吗？是什么样的事情呢？

20分钟后，感觉天旋地转的卡洛斯坐在学校的医护室里，艾克达先生也在场，他们在等着卡洛斯的妈妈赶到学校里来。

“我们一直纳闷他的成绩为什么会下滑。”艾克达先生对终于赶到学校的卡洛斯的妈妈说，“你知道你儿子酗酒吗？你和他谈过酗酒的事情吗？”

“我把全部精力都放在了工作上，”卡洛斯的妈妈回答道，“我一点儿也不知道卡洛斯酗酒。”卡洛斯看得出，他妈妈非常生气。

当他们上车后，卡洛斯的妈妈看着儿子，说：“我以前对你，对你做的事情关注不够，我想，你和我今后得多交流。”

卡洛斯心里是同意的，但是那一刻他太想吐了，根本没法开口表达自己的态度。

问题与思考

- 你认为卡洛斯接下来会面临什么样的遭遇？他还会再次饮酒吗？
- 你认为如果卡洛斯和他妈妈多在一起交流，会产生什么样的效果？你认为那会减少他饮酒的可能性吗？如果是，为什么？如果不是，又是为什么？

Responsibility

罗宾博士点评

任何时候，饮酒都不会毫无风险，即便成年人也是如此。但是，青春期前的孩子饮酒，则是非常危险的。青春期前的孩子饮酒，更有可能导致他们功课不及格，酗酒成瘾，因为惹麻烦而落到警察手里，同时还可能给他们的心理健康、身体健康和社交健康带来其他不愉快的后果。

问题在于：随着我们年岁的增长，面临的饮酒压力也越来越大。同时，我们对周围的世界也更加好奇。从积极的方面说，因为我们比以前成熟，我们能够全面了解烈酒及其影响，这有助于我们找到对烈酒说“不”的力量；当我们所在的群体中有过大的饮酒压力时，这也有助于我们找到离开这个群体的力量——如果有必要离开的话。

记住：你没有必要独自面对饮酒的压力。许多家长可能没有意识到，饮酒对于你这个年龄的孩子来说，是多么严重的问题，所以，如果你想得到他们的帮助，可能需要你告诉他们青春期孩子饮酒的危险。你也可以和辅导员或你信任的其他成年人交谈。他或她能提供有价值的建议，并指点你求助学校图书馆或网络资源。

应对小贴士

1. 不要喝任何不明之物。如果在派对上有人给你东西喝，问问是什么，他从哪里搞来的。如果你不喜欢他的答案，或者他压根儿就没有答案，那就别喝。

2. 学会说“不”。当别人给你酒的时候，别找借口，这会使别人更加容易说服你喝下去。看着对方的眼睛，说：“不，谢谢。”

3. 回避你明知会面临喝酒压力的朋友和场合。强迫你喝酒的朋友不是真正的朋友。

4. 如果所有的努力都没有奏效，请选择离开。如果你需要人接，一定要有可以找到你父母或其他负责任的成年人的电话。

5. 记住：不需要喝酒的有趣的事情有很多。

最后的告诫

你知道吗，喝酒并不是你借以结交朋友或让你觉得自己长大了的好玩的事情？想尝尝酒的滋味的诱惑非常强大，因为广告、电影和电视都把喝酒渲染成一件很酷的事情。但是，你可以战胜饮酒的诱惑，变得更加强大。你没有必要为了好玩或融入群体而喝酒。

BOY

Chapter 6

第六章　告别危险的快乐游戏

随着你逐渐长大，你开始感知生活中各种各样的事情。对生活好奇，想去尝试，是非常正常的。毕竟，那是我们了解自己、认识世界很重要的内容。大多数情况下，即使我们犯了错误，也能重整旗鼓继续前行，犯错的经历会让我们做得更好也更明智。

不过，在个别情况下，生活可能没有这么宽容。冒着生命的危险或以快乐的名义永久性地伤害自己的健康，什么时候都不值得我们为之冒险，记住这一点是非常重要的。因为无聊，或受到来自朋友的压力，或两种原因兼而有之，有些孩子尝试通过不同的方法让自己获得极度快感体验。对于他们来说，记住以上的话尤为重要。幸运的是，大部分学校和家长会设法让孩子们理解吸毒的危险：包括对健康的损害、对大脑的损害及死亡。不过，经常被忽略的是其他一些不通过使用毒品而让孩子获得极度快感的方法。其中有些方法的危险性，正如戴米安将要认识到的那样，如果说不比毒品更高，也与毒品没什么分别，其后果也一样严重。

戴米安的故事

不过，经常被忽略的是其他一些不通过使用毒品而让孩子获得极度快感的方法。

“在一个无聊的小镇里，又度过了无聊的一天。”当朋友凯尔走进戴米安家的前门时，戴米安这样说道。大多数人不知道困在一个偏远的小镇上，一天到晚无所事事是一种什么样的滋味，但是凯尔知道，这正是戴米安喜欢和他待在一起的原因。

“我知道。”凯尔说，“你父母现在在什么地方？”戴米安解释说，他妈妈最近做了一个手术，现在他爸爸每隔几天就要带她去看一次医生，以确保顺利康复。

“真的吗？”凯尔问道，“她带回过止痛片吗？”

“是的。”戴米安说。

“那么，让我们吃几片吧。”凯尔说，“如果你身上不疼，止痛片会让你获得极度快感。”

“随你怎么说。你真以为我会让你偷吃妈妈的止痛药吗？

再说，如果药少了，妈妈会发现的。”戴米安并不想冒险偷吃非医生直接开给他的药。

“好吧！我知道如何不吃药也能让自己产生极度兴奋的感觉。”凯尔说。凯尔解释道，你所要做的不过是用皮带或领带使人短时窒息。

“一旦你把皮带或领带取下来，你会产生非常美妙的感觉，这就是人们所说的‘昏死游戏’。”凯尔说，“你想尝试一下吗？”

- 让自己极度兴奋是对抗无聊的唯一办法吗？戴米安和凯尔还可以通过哪些途径获得快乐？
- 你听说过类似“昏死”的游戏吗？你是怎么知道的？
- 你认为凯尔是戴米安的好朋友吗？如果是，为什么？如果不是，又是为什么？

凯尔解下皮带，绕在自己的脖子上，随后用力拉紧。他的脸变红了，随后变白了，随后变得有点蓝了。他的双眼凸起，开始变红。戴米安担心凯尔会昏死过去，不过，在昏死之前，他自己把皮带从脖子上取了下来。“吁！”凯尔边绕着屋子旋转边说，“真是太刺激了。”

凯尔把皮带递给戴米安，但是戴米安还是有点拿不定主意。

“真是个胆小鬼！”凯尔说。戴米安将皮带绕在自己的脖

子上，随后用力拉紧。脖子受到了压力，那感觉真难受，他的心也开始怦怦狂跳。当戴米安把皮带解下来后，他的脑子开始产生刺痛的感觉，不过他觉得那感觉不错。不管怎么说，那是一种不一样的感觉。从此以后，每当感到无聊时，戴米安和凯尔都要玩昏死游戏，事实上，他们玩的频率非常之高。

问题与思考

- 你有过因为害怕被人称为胆小鬼而做什么事的经历吗？后来的结果怎么样？
- 昏死游戏看起来像是一种健康或明智的打发时光的途径吗？如果是，为什么？如果不是，又是为什么？

有一天，有个男人来到戴米安所在的班级，和他们交谈。他告诉他们一个可怕的故事——他的儿子是如何因玩所谓的“窒息游戏”而死亡的。那个男人描述的玩法与被戴米安和凯尔称为昏死游戏的玩法听起来完全一样。他甚至还说，窒息游戏有许多不同的叫法。“即使没死，玩这种游戏，也会损害你的大脑……永久性地。”那个男人告诉他们，“窒息游戏比许多毒品还可怕。”

戴米安被那个男人的话吓住了，他一点儿也不知道自己和凯尔玩的昏死游戏那么危险。但是，凯尔只是笑了笑。“别因为那个男人犯愁。”凯尔说，“他儿子可能是个十足的倒霉蛋。”凯尔让戴米安在更衣室里与他会面，好在那里来一次急速的快感享受。戴米安拿不定主意要不要去，他让凯尔先去，自己一会儿会赶上他的。

问题与思考

- 你如何看待戴米安听了那个男人关于窒息游戏的言论后的反应？你如何看待凯尔对那个男人言论的反应？
- 你是否做过某件后来才知道极其危险的事情？后来的结果怎么样？
- 戴米安没有和凯尔一起去更衣室，这样做对吗？他还能做些别的什么？

戴米安来到男人站立的桌子前，桌子上有男人放着的一些小册子和其他材料。

“你知道窒息游戏吗？”男人问戴米安。

“是的，有一次我听人说起过。”戴米安回答道。他不希望披露太多自己的情况。

“那好，你千万别尝试。”男人对戴米安说，“也不要让你的朋友们尝试。”

“我怎么能阻止别人不这么做呢？”戴米安问。

男人还没来得及开口回答，戴米安的一个同班同学就冲进了屋里。“快来呀！”这个同学大声喊道，“凯尔在更衣室里，已经停止呼吸了。”

当他们赶到更衣室时，只见凯尔耷拉着脑袋坐在一张长凳上，脖子上绕着一根皮带，校长正在拨打急救电话。

“有人知道这事是怎么发生的吗？”校长问。

戴米安只是坐在那儿，不知道说什么好。

“快来呀！”他大声喊道，“凯尔在更衣室里，已经停止呼吸了。”

问题与思考

- 你认为当戴米安知道凯尔发生的事情后，其内心会是什么样的感受？
- 戴米安可以采取行动阻止悲剧的发生吗？他应该怎么做呢？

Responsibility

罗宾博士点评

很少有人知道有多少家庭因为窒息游戏而失去了心爱的家人。只是到了近期，家长、教师和其他专业人士才开始意识到这个问题。但是，窒息游戏的危险性和烈性最大的毒品一样大，有时甚至更大。

窒息游戏根本不是什么游戏，而是致命的赌博。当你堵住了向大脑的血液供应，就是在剥夺大脑的生命。结果是，你的大脑细胞（大脑正常运转所必需的物质）开始死亡。因为这些细胞不能复生，所以，窒息游戏对大脑的损害是永久性的。你无法确定哪里是安全线值，所以过线就很容易。虽然和其他人一起玩窒息游戏也不安全，但是，一个人独自进行窒息游戏时，其风险尤其高。

所以，如果你在玩窒息游戏，请主动放弃。如果你认识的某个人在玩窒息游戏，让他停下来。如果他不放弃，你必须通知某个人——家长，老师，或任何一个可以提供帮助的人。你可能认为，向他人告密出卖朋友不酷，但是，你这么做，实际上是在挽救朋友的生命，没有比这更酷的事情了。另外，请设想一下：如果你没有把这事告诉别人从而失去一位朋友，你心里会是一种什么样的滋味。

应对小贴士

1. 即使只尝试一次窒息游戏，也会导致永久的大脑损害或死亡。绝不要同意玩这种游戏，不管你面临多大的压力。

2. 如果你正在玩窒息游戏，而自己又无法主动停下来，请向他人寻求帮助。有许多可利用的资源，能帮助你摆脱这个致命的游戏。

3. 也要阻止你的朋友尝试窒息游戏。任何情况下，你都不应该保密他人玩窒息游戏的事情。如果你知道某个人在玩窒息游戏，你一定要确保他放弃了，即使这意味着你必须将他玩窒息游戏的事情报告给他的家长或老师。

4. 寻求健康的替代办法。生活中多的是能给你带来快乐、让你远离危险诱惑的活动。

最后的告诫

说到窒息游戏一类的事情，重要的是真正理解其危险性。但愿通过这一个案，你能懂得，参与健康的活动，而不让所谓的朋友说服你去做一些日后你可能后悔也可能不会后悔的事情，是多么地重要。

Chapter 7
第七章　做一个风格达人

服装及式样已经发生了很大的变化。在当今，男孩子服装的式样和女孩子的一样多。所以，现在你和你的同龄人面临着通过外部形象来表达自己的各种压力。

对有的孩子来说，通过外部形象表达自己，意味着追随最流行的式样。有的孩子，比如汤米，则觉得有必要表达独特的自我。有时候，这样做意味着可能遭到那些不欣赏你的创造性表达方式的人的讥讽。穿着在人群中惹眼的服装就更加不容易，需要更大的勇气，但是你这样做，离你对自己的外表感到舒服，又迈进了一步。你可能根本没想过穿着方面的事情，或许你一天到晚都在琢磨穿着方面的事情。两种情况之下，正如汤米发现的那样，将式样视为可以增加生活情趣的东西，倒是个不错的主意。

汤米的故事

穿着在人群中惹眼的服装就更加不容易，需要更大的勇气，但是你这样做，离你对自己的外表感到舒服，又迈进了一步。

汤米喜欢绘画，而且酷爱摄影。汤米的哥哥布莱克是个平面造型设计师。最近，汤米通过观察布莱克，学会了如何使用一款图形编辑软件。汤米喜欢发现一些新的富有创造性的宣泄途径，并以此来表达自我。

虽然很喜欢创新，但对于自己的穿着风格，汤米从未真正觉得舒服过。汤米就读的学校里，大家的穿着都是一样的。近来，同班同学都在追随学院派的风格，并且到同一家商场的几个店里购买衣服。他们穿着的衬衫，其标识都横跨在前面。汤米不大情愿地穿着和其他同学同样品牌的衣服，但他从未真的觉得他的着装反映了自己的个性，这让他非常失望。

汤米所在的学校里一个名叫詹的女孩子，在服装式样方面很有些自己的品位。汤米其实也说不清楚她到底有什么地方不一样，不过，詹显然不在其他同校同学购买衣服的商店里购买自己的衣服。汤米对詹不太了解，但是他敬重她按照自己的意愿行事的信心。

问题与思考

- 你认为汤米为什么在选择什么样的衣服方面感到很纠结？
- 在你就读的学校里，拥有某种特定的形象有多重要？你认为人们是过高地估计了外部形象的价值，还是过低地估计了外部形象的价值？
- 你的衣着传递了有关你的什么信息？

新学季第一天，汤米走进艺术工作室准备上绘画课。找座位的时候，汤米看见詹坐在一个角落里。之前，汤米和詹从来没有认真讲过话，不过，现在他认为机会来了。

“嗨！”汤米一边打招呼，一边把凳子放在詹旁边的绘画桌前。“我可以坐在这里吗？”

“当然可以。”詹笑着回答道，“你是第一次上绘画课吗？”

“是的，不过，我自己画过许多画。”汤米说，“你呢？”

“跟你一样。”詹回答道，“我想有一天去上美术学校，所以我想我最好学会正确的绘画方法。”

“你都画些什么？”汤米问。

“大多是随手涂涂画画，但是我也设计服装。我妈妈教我缝纫，所以，有时候我自己做衣服。”詹打开笔记本，向汤米展示她的服装设计图。上面的裙子，和她今天穿的裙子看起来一模一样。

“等等，你的裙子是自己做的？”汤米有些羡慕地问。

“是啊。”詹咧开嘴笑着答道。

现在，汤米明白了为什么詹看起来与别人都不一样了。汤米知道，因为詹的穿着跟别人不一样，有些女孩子取笑她，不过，汤米觉得，詹对自己如此自信，这才是真正的酷。汤米想，要是自己有胆量，能自信地穿着自己想穿的衣服，那该有多好！

汤米和詹接着又聊了一会儿，后来老师宣布上课了。他们发现，两个人有许多相同的兴趣。以后每天上绘画课的时候，两个人都坐在一起，甚至周末的时候，他们也开始待在一起。

问题与思考

- 你认为汤米为什么要坐在詹的旁边？你有过和你有许多共同点的朋友吗？
- 你认为汤米为什么对结识一个对自己很有信心的女孩子感到高兴？

“嗨！你想去购物吗？”有一天，詹问汤米。此时他们正坐在汤米家后院的草坪上，詹正在为要新做的裙子画草图，汤米正用笔记本电脑调整一张数码照片的曝光度。

“当然。”汤米回答，“我想问问妈妈能不能开车把我们捎到商场。”

“我说的不是去商场购物。”詹说，“我想带你去一家商店，走着就能到。”

“好的……”汤米回答，但他对自己该如何想拿不定主意。不过，他还是收起笔记本电脑，回到屋子里迅速把鞋穿好了。“我们走吧。”回到草坪后，汤米对詹说。

詹在前面领路，不一会儿，两个人就到了一家廉价旧货店。在上学的路上，汤米曾无数次经过这家商店，可他从未想过要进去看一看。

詹将双开式弹簧门打开。“嗨，皮特！”詹冲着前台的小伙子叫道，“今天有什么新玩意儿吗？”

“你好，詹！”皮特回答道，“是的——有人放了一整捆帽子和鞋子在店里，去看看吧，全都在后面呢。”

“谢谢。”詹一边大声回答，一边拉着汤米到了商店后面。

环顾四周，汤米看见很多衣服，有的折好了放在桌子上，有的挂在架子上。没有哪件衣服和他班上的同学穿的衣服看起来是一样的，不过，有些衣服确实很吸引他的注意。詹从人体模型上取下一顶帽子，戴在汤米的头上。这顶帽子是平顶的，有一圈帽檐——和汤米的朋友们戴的棒球帽风格截然不同。

“照照镜子。”詹催促道。

汤米看到了镜中的自己。他得承认，戴着这顶帽子，他看起来帅极了。

“这帽子看起来太棒了。”詹大声说道。“我们学校里没有一个男生戴这样的帽子。”

绝对没错，汤米在心里想，戴着这顶帽子，他一定会很惹眼。可是，他不知道这是好事还是坏事。

问题与思考

- 你认为汤米和詹为什么相处得这么好？
- 如果汤米戴着一顶与众不同的帽子，他就会在学校里过于惹眼。你觉得他为什么为此感到担忧？
- 你是否曾经穿（戴）过某件你喜欢的衣物，即使这件衣物让你有点不舒服？你的朋友当时有什么样的反应？

汤米很吃惊地发现，这顶帽子售价只有3美元，便将它买了下来，并戴着它回到家中。汤米很高兴詹提议去那家廉价旧货店购物。有生以来第一次，汤米觉得他穿戴的衣物反映了真实自我。

但是，星期一早上，汤米就感觉不那么自信了。穿好衣服以后，汤米看了看矮衣柜上的那顶帽子。当他戴着这顶帽子走进教室的时候，班上的同学会说些什么呢？他们会喜欢他的新形象，还是会取笑他呢？

汤米做了一次深呼吸，而后抓起帽子，戴到自己头上。好吧，在走出家门的时候，汤米想，唯有戴上它，才知道同学们会不会喜欢。

问题与思考

- 你认为汤米为什么对他朋友们关于他新形象的看法感到如此紧张？
- 你有过担心人们会依据你的穿着对你作出评判的经历吗？如果有，请说出你担忧的理由。

Responsibility

罗宾博士点评

汤米刚刚开始意识到服装及式样问题。我们对自己的看法，有许多都建立在我们的穿着及外显的形象之上。有的时候，我们害怕表达真实的自己，所以，别人做什么，我们就跟着做什么。如同汤米认识到的那样，发现什么样的外在形象让你感觉良好，常常需要你满怀信心且自觉自愿地独辟蹊径。

要记住的重要一点是：虽然你的服装及式样可能传递出有关你的某些信息，但是，真正重要的是你的内心。所以，虽然你可能会思考自己是一个什么样的人，并以此来指导自己的穿着打扮，但你仍然可以从改变你的形象中收获一些小小的乐趣。毕竟，这并不是什么生死攸关的大事，所以，尽管去试好了。最后，就像汤米一样，你会学会如何改变自己的形象的。

应对小贴士

1. 面对自己时感到安心。如果我们难以找到自己钟情的式样，通常是由于我们不能确定真实的自我是什么样子的。先思考思考真实的自我，或许你就会很自然地明白哪些衣服和式样适合你。

2. 以娱乐的心态来处理服装式样问题。我们很容易过度纠缠于自己的形象，但是请记住：穿衣打扮应该是一件很享受的事情。把穿着当成游戏，这样，你就不会觉得有太多压力。

3. 不要怕仿效别人的穿着。如果你不能确定自己想穿什么衣服，仿效你见到的他人的穿着也是可以的。最后，当你面对自己感到更加安心时，你就会开始发现适合自己的穿着。

4. 不断尝试是件好事——不要害怕尝试新的不同的东西。你甚至可能发现，别人也在仿效你的形象。

最后的告诫

我希望汤米的故事，让你在想到服装和式样问题时少一些局促不安。应对要如何如何穿着的压力挺难的，如果你想穿得与周围的人不一样就更是如此。不管怎么说，真正重要的不是衣服，而是穿衣服的人。如果你记住了这一点，你可能会发现，为了实现自己的某种形象而购物，实际上是很享受的一件事情。

BOY

Chapter 8

第八章　饮食障碍非女孩子专利

在想到饮食方面的问题时，大部分人想到的都是吃得太多、体重增加的人。当然，吃得过多对我们的身体没有什么好处。但是，有的人吃得太少，有时甚至到了饿着自己的程度。这种行为和吃得过多一样是不健康的，因为，众所周知，离开食物，人们没法活命。过去人们常常认为，只有女孩子才会出现饮食障碍问题。但是，实际情况是，正如迪奈什所表明的那样，让自己饿着——也就是人们所说的厌食症——是男孩子和女孩子共同面临的问题。

迪奈什的故事

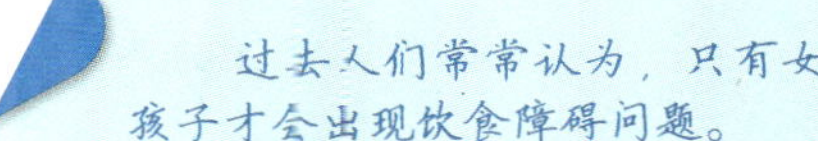
过去人们常常认为，只有女孩子才会出现饮食障碍问题。

在迪奈什就读的学校里，每个人都知道他歌唱得非常棒，迪奈什甚至还在棒球锦标赛大会上演唱了美国国歌。不过，眼下的事情正变得越来越糟糕。迪奈什要参加州才艺大赛。迪奈什的父母一直和他谈论电视真人秀节目，而他对将来成为一名歌手抱有很高的期望。他既不想让自己失望，也不想让自己的父母失望。

迪奈什花了很多时间在镜子前练习。他每天都要观察自己的外表，并开始觉得自己看起来比电视上大部分歌手要更重一些，于是开始担心自己太胖，不能成为一名歌手。所以，迪奈什开始每天跑步上学，中午也不吃饭。每次洗完澡后，迪奈什都要称一下自己的体重，看看又减掉了多少。可是，要迅速减掉体重，看起来似乎是不可能的。

问题与思考

- 是什么改变了迪奈什对自己身体的看法？你认为迪奈什最近对自己身体的看法是健康的吗？如果是，为什么？如果不是，又是为什么？
- 你认为迪奈什为什么感受到如此大的成功压力？在你的生活中，有没有什么领域让你觉得有必须成功或表现出色的压力？具体是什么领域？

即使浴室秤显示的数字告诉迪奈什，他的体重在下降，可是每次照镜子的时候，他还是觉得自己比以前更胖了，于是上网搜寻见效更快的减肥办法。在网上，迪奈什发现了各种各样稀奇古怪的建议。有时候，迪奈什只吃鸡蛋，晚餐时，他可能只吃一个汉堡包，但会把其中的小圆面包留在盘子里。有时候，迪奈什只喝蛋白质奶昔。有时候，他会对妈妈说，他在同学家里吃过饭了，所以不怎么饿。如果妈妈硬要他吃东西，他会说自己要学习，然后把食物端到自己屋里。当父母到活动室看电视的时候，他会回到厨房里，将端进去的东西全部倒掉。有好多天，迪奈什没有进食任何东西。当什么也不吃的时候，迪奈什的自我感觉总是最好的——就像自己刚刚成功完成了某件事情一样。

与此同时，迪奈什开始强迫自己更加拼命地锻炼。晚上，他在自己的房间里做俯卧撑和仰卧起坐，却对父母说，自己在房间里做家庭作业。迪奈什做了一张表贴在床的上方，这样就可以记录自己锻炼的进展了。

问题与思考

- 你认为迪奈什为什么要对父母撒谎以隐瞒自己的节食和运动计划？
- 你认为尝试非健康专业人士推荐的节食办法有多危险？
- 你认为过度锻炼是个问题吗？你如何知道自己是否锻炼过度？

没过多久，迪奈什在学校开始出现问题。有时候，当他努力集中注意力时会感觉头疼，迪奈什所能想到的只是，自己的肚子因为太饿在咕咕地叫个不停。不过，他尽力不去理会头疼的事情，并尽其所能努力排练。离才艺大赛只有两个星期的时间了，迪奈什担心自己还没有做好充分的准备。

有一天放学后，迪奈什正和音乐剧导演杜莱恩先生一起排练，突然他开始感觉不舒服。迪奈什的头阵阵作痛，并感觉有点想吐，但他没有在意。

“好吧，迪奈什，让我们把最后那首歌再唱一遍。”杜莱恩先生说。

虽然此时的迪奈什精疲力竭，但他还是再次开始了。唱到最后一个音符的时候，迪奈什把拳头向空中挥去。突然之间，眼前变得一团漆黑。当迪奈什醒过来的时候，他看见杜莱恩先生和学校医务室的护士正俯身对着他。

检查过后，护士给迪奈什拿来一些水。“究竟是怎么回事，迪奈什？”护士问，“你比我上次见你的时候瘦多了，跟我说说你最近生活中发生了什么事情。你病了吗？”

迪奈什感觉怪怪的。他知道，自己的身体有什么地方出了问题，于是，他告诉护士为了减肥他都做了些什么，当他照镜子的时候，他都看到了什么。护士告诉迪奈什，她会把他父母叫到学校里来开个会。紧接着，护士问迪奈什：“你知道什么是饮食障碍吗？”护士居然问他这个问题，让迪奈什感到很诧异。迪奈什认为，只有女孩子才会得饮食障碍症。

迪奈什的父母赶到学校后，和护士坐在一起，迪奈什的辅导员莫里斯先生也在场。

“我对发生在你身上的事感到担忧，迪奈什。”最先发言的是护士，“最近你体重减轻了许多。从你对你的饮食和锻炼习惯的描述看，你没有进食维持身体健康所必需的足够食物，现在该做些改变了，不妨把这次事故当成一次警钟。”

迪奈什深深地吸了口气。他感到很难堪，但是他承认，他一直觉得自己太胖。他想在州才艺大赛中展示自己最好的形象，但是每次照镜子的时候，他都觉得自己的体重好像又增加了。把自己内心的忧虑表达出来，让迪奈什意识到，自己的饮食和锻炼习惯是不健康的。可是，他不知道自己如何才能变得更健康，因为他仍然想让自己变得比现在更瘦一些。迪奈什需要帮助，他也很感激他的父母、学校医务室护士和辅导员莫里斯先生能随时为他提供帮助。

问题与思考

- 你认为人们为什么把饮食障碍与女孩子联系在一起？为什么说饮食障碍很危险？
- 你有过不满意自己体重的时候吗？你可以参加哪些健康的活动从而让你对自己的身体产生更加良好的感觉？

罗宾博士点评

让自己饿着，这种不健康的节食行为与许多因素有关。研究发现，有些人的基因使之更有可能发生这样的行为。他们从媒体、朋友甚至父母那里获得的信息，会诱使他们从事这种行为。有时候，当孩子难以获得父母的认可时，他们也可能参与饮食障碍等极端行为。虽然人们一般将厌食症与女孩子联系在一起，但是，事实上，约有1/10的厌食症患者是男性。

孩子们可以从网上找到许多有害的信息，使情况变得更糟。有些孩子可能不知道如何把医生、营养专家和其他合格的专业人士给出的好建议，与那些不好的建议区分开来——有时候，这些不好的建议是由那些试图鼓励人们尝试危险节食方法的人们提出来的。如果没有他人的帮助，年轻的厌食症患者会面临各种各样的危险：除了注意力难以集中外，还包括抑郁，对肌肉和骨骼发育的损害，甚至还会导致孩子患上心脏病。所以，如果你认为自己或你认识的某个人可能有饮食障碍，立刻获得帮助是非常重要的。这的确是个生死攸关的大问题。

应对小贴士

1. 了解什么是健康的饮食，了解一个男孩子要保持健康每天需要进食多少食物。

2. 了解自己的理想体重范围。知道像你这个年龄和身高的孩子的健康体重范围，有助于你区分健康的饮食和锻炼与不健康的饮食和锻炼。

3. 锻炼是件好事，但是，要把握好度。一般认为，每天一小时左右的锻炼是健康的。如果你发现自己锻炼过多，导致身体受伤或燃烧了过多卡路里，这或许是一个警示信号。

4. 寻求帮助。饮食障碍很难一个人独自应对，应对起来也很危险。如果你怀疑自己有这方面的问题，有必要将之告诉其他人。

最后的告诫

迪奈什是幸运的，因为他及时获得了所需的帮助。但是，事关与我们的健康和生命一样重要的东西，我们不应该靠碰运气。不要仅仅因为你认为饮食障碍不会发生在男孩子身上，就对那些表明你可能患有饮食障碍的征兆置之不理。男孩子也会得饮食障碍症。最重要的是及时获得正确的帮助。

第九章 做你想做的事

到了人生的某个阶段，你可能会注意到，人们将被视为适合女性做的活动与适合男性做的活动区别开来。如果你经常喜欢做许多女孩子爱做的某件事情（男孩子爱做的不多），你可能开始为之感到羞愧。你甚至可能假装不喜欢它，因为你害怕别人认为你像个女孩子……甚至遭遇其他更糟糕的情况。

搞清楚男人意味着什么不是一件容易的事，如果你面临着男人就该如何如何行动的压力时，就更是如此。但是，重要的是不要对真实的自己、对自己喜欢做的事情感到害怕或羞愧，这需要你有相当的勇气。但是，正如米基所发现的，没有什么事比这让你更像一个男人。

米基的故事

如果你经常喜欢做许多女孩子爱做的事情（男孩子爱做的不多），你可能开始为之感到羞愧。或者，你甚至可能假装不喜欢它，因为你害怕别人称呼你为女孩子……甚至其他更糟糕的称呼。

当米基试图开动学校木工房的旋床时，他想起自己是多么地讨厌锯末的味道，以及用锤子敲击物体、用砂纸打磨东西时发出的声音。相反，他希望自己能做些自己擅长的事情，比如烘烤。

很久以前，米基从零开始学习过如何制作花生酱饼干。此后，他又学习了如何制作纸杯蛋糕、小松饼，甚至还包括更复杂的油酥糕点。米基经常翻看妈妈的烹调书，阅读一些他可以尝试的烹饪方法。

但是几个星期前发生的一件事，让他对自己喜欢烘烤感到不好意思。学校要求所有八年级的孩子都要修一门家政课程，而且他们很快就要开始食物单元的内容。想到可以学习新的烘烤技术，米基有些欣喜若狂。但是，与米基同一个班的男孩子马特，其想法与米基刚好相反。

“烘烤完全是女孩子的事情。”课后马特对大家说，“谁想做这么愚蠢的事情呢？”

米基最后为课外活动报名时，没有选择学校的烘烤俱乐部“13”（英文原文为Bakers’ Dozen，字面意思是面包师的一打。据称在几百年前科学技术还不十分发达时，手工投料制作面包很难做到各个合乎标准，而不符合官方标准的面包一经发现，面包师可能会受到严厉的惩处。为避免受罚，面包师们就在出售面包时每打多给一个，即13个为一打——译者注）。相反，因急于证明自己并不喜欢那些“适合女孩子做”的事情，米基报名参加了“小木匠”俱乐部。

- 你认为米基可以对烘烤感兴趣吗？如果可以，为什么？如果不可以，又是为什么？
- 有些事情自然而然是适合女孩子做的，有些事情自然而然是适合男孩子做的，是这样吗？但现实生活中为什么会有这种区分呢？
- 你认为米基能融入“小木匠”俱乐部吗？如果能，为什么？如果不能，又是为什么？

起初，负责“小木匠”俱乐部的老师斯莱德尔先生试图给米基一些额外的帮助，但是，米基对于学习使用木工工具似乎没有什么兴趣。最后，斯莱德尔先生说：“米基，你知道的，我们非常欢迎你加入‘小木匠’俱乐部，但是，坦率地说，我想知道你为什么要报名加入进来。你好像并不喜欢这里。”

“是这样，我只是不确定这是不是我真的想做的事情。”米基回答道，“我真正喜欢的，”米基最后承认说，“是烘烤。”

斯莱德尔先生笑了。“既然这样，那你来这里干什么呢？”斯莱德尔先生问道，“你为什么不加入‘13’俱乐部？”

“那里全都是女孩子，如果我加入的话，其他男孩子会觉得奇怪的。”米基回答道。

“米基，我知道你为什么不好意思报名参加烘烤俱乐部了。但是，仅仅是我们学校喜欢烘烤的女孩子比男孩子多，并不意味着男孩子就不能学习烘烤。如果你喜欢烤烘，并且还是个男孩子，你就足可以将烘烤视为适合男孩子做的事情。你这样做，可能还会让其他男孩子更加容易地加入烘烤俱乐部。”

米基从来没有这么想过这个问题。

斯莱德尔先生告诉他，许多厨师和糕点师都是男性。“事实上，”斯莱德尔先生补充道，“周末的时候，我也喜欢自己整几道菜。”

问题与思考

- 你认为斯莱德尔先生的建议如何？你能理解他的建议吗？
- 有人不让他人知道自己从事的某件事情或假装不喜欢某件事情，因为他们害怕这是适合女孩子做的事情。你有过这样的经历吗？具体说说是什么样的事情。你最后是怎么做的？

在斯莱德尔先生的帮助下，米基调换了俱乐部。米基的第一项任务是做菠萝反转蛋糕。米基做出来的蛋糕非常好吃，所以他决定将之带到“小木匠”俱乐部，和俱乐部的同学们共同分享。米基不知道自己该不该告诉大家蛋糕是他做的，但是，蛋糕实在是太受欢迎了，几分钟之内就被大家一扫而光。

“过来，米基，你从哪里搞来的这么好吃的蛋糕？”其中一个叫方的同班同学问道。

“告诉我们！”乔希差不多是在冲米基喊叫，“是你妈妈做的吗？”

“不！”米基犹豫了一下，说，“是我做的……在学校厨房里。”

“真的吗？”方有些羡慕地问，“哇！要是我知道怎么做这么好吃的蛋糕，那该有多好啊！”

“你可以学呀！”米基回答道，“你为什么不加入‘13’俱乐部呢？”

问题与思考

- 在故事一开始，米基的一些朋友认为烘烤是适合女孩子做的事情，你认为是什么让他们改变了自己的看法？
- 你曾经改变过别人对某事的态度吗？具体说说是什么事情。你是如何做到的？

罗宾博士点评

和许多与他同龄的孩子一样，米基感受到了男孩子该如何如何行动的压力。通常，男孩子羞于参加那些被认为没有男人味或缺乏男子汉气概的事情。有时候，有人试图羞辱我们。有时候，因为上述态度我们随处可见，我们就简单地把羞辱加到自己身上。但是，米基要能成长为他想成为的那种男人，发展自己的兴趣是非常重要的，否则，他的才能就会被白白浪费掉。

有意思的是，除了选择参加某项活动的男孩子和女孩子的数量多寡以外，没有任何因素真正让某些活动——无论该活动是烘烤、编织、木工还是足球——成为只适合女孩子做的事情，或只适合男孩子做的事情。有时候，只要有一两个人质疑贴在这些活动上的标签，而后，突然间所有人都会意识到，这些标签原来是多么的荒唐可笑啊。做第一个站起来质疑的人是让人害怕的。但是，如果你坚持这么做，过不了多久，你就会发现，其他人也会加入到你的阵营中来。

应对小贴士

1. 教育自己。不管你认为你参加的活动是多么地适合女孩子做，可以肯定，之前一定有男性和男孩子从事过这项活动——而且还可能做得非常出色。做点研究，可以让你省却许多忧虑。

2. 和你信任的人分享你的兴趣。拥有一个你信任和尊重的朋友，可以帮助你产生更好的自我感觉。一旦你和别人分享了你的兴趣，你常常会意识到，你的兴趣并没有那么糟糕。或许其他男孩子也会加入进来——或者至少会对你的兴趣表示佩服。

3. 找到与你兴趣相投的人。寻找与你有相同兴趣的人，不管这个人是男孩子还是女孩子。和他们在一起，会让你感到更加自在。

4. 学会信任自己。如果你喜欢从事某项活动或课外爱好，这即是你继续做下去的最好理由，你不要管其他人会怎么想。

最后的告诫

在根本不存在这种区分的情况下，试图搞明白哪些活动是适合男孩子做的，哪些活动是适合女孩子做的，有时真要把我们自己给逼疯了。要改变这种状况，我们所要做的，就是做真实的自己，并坦诚面对这方面的问题。或许听起来有些奇怪，在这方面，女性比男性了解更多，这也就是为什么今天有女医生、女消防员、女跆拳道运动员，而没有人对此有太多想法的原因。女人能做的事，你也能做。

BOY

Chapter 10

第十章　矮个子队长的烦恼

在你年少的时候，会有许多人告诉你该怎么做，这些人包括你的父母、老师、教练、营队顾问，甚至可能还有你的哥哥或姐姐。所以，你自然会想，要是自己能当一次头儿，那该有多好，对吗？且慢。做领导，也有做领导要面对的一系列问题。一旦你被要求对弟弟或妹妹负责，或被人相中组织一个派对，或被任命为学校运动队队长，你很快就会明白当领导的难处。如果你过于友好，可能没有什么人拿你当回事。如果你过于严厉，他人可能对你望而生畏。

或许你和我一样，觉得自己天生不是块做领导者的料儿。很少有人是天生的领导者。我们可能担心自己是否具备让他人追随我们的品质，或忧虑他人的追随会让我们有怎样的感受。还有，那些要接受我们领导的人又怎么样呢？他们也有自己的个性特质。你最好接受其他一些成功领导者的建议，并且依靠自己去解决余下的问题。如果你做得到，就像我们的“矮子”游击手马克斯一样，你就能成功应对作为领导者面临的挑战。

马克斯的故事

> 或许你和我一样，觉得自己天生不是块做领导者的料儿。很少有人是天生的领导者。

马克斯习惯了自己一直以来都是个矮个子。全班同学照合影时，他知道自己会被安排在前面。不过，马克斯功课很好，朋友够多，是学校棒球队里的游击手。其他男孩子叫他“矮子”，但是他知道，那不过是他们在与他开玩笑而已。马克斯是球队中非常重要的球员，教练称他为“有思想的球员”，因为他似乎总让自己处在击球手击球的位置上，并且总是精心选择跑垒或偷垒的时机。

教练宣布将任命马克斯为棒球队队长，这一点也不奇怪，整个球队都为之欢呼。左外野手泰勒拍着马克斯的头，说：“加油，矮子。”马克斯一把将泰勒的手从自己的头上推开，说：“以后不要再这么叫我了！”

“吁！”泰勒说，“我只是想恭喜你一下，没别的什么意思。千万别生气，哥们儿。”

- 你认为马克斯为什么要作出那样的反应？你那样对待过别人吗？你为什么要那样做？
- 你认为泰勒为什么会作出那样的反应？如果是你，你会怎么做？
- 对马克斯来说，这是一个愉快的时刻吗？如果是，为什么？如果不是，又是为什么？

马克斯很看重队长之职。他觉得，要得到队员的尊重，就得像个当队长的样子。所以，训练的时候，马克斯总是冲着队友们大声发号施令，试图让自己听起来严厉一些。马克斯认为他知道如何当好队长。

不过在场下，那就是另外一回事了。也不是说每个队员对他都不是特别友好，只是他们似乎不像过去那样经常在一起了。有一天放学后，马克斯赶上泰勒，问他要到哪里去。“噢，哪里也不去，直接回家。”泰勒说，“我想，我妈妈需要我帮忙做些事情。”过了一会儿，马克斯经过老板汉堡店，看见泰勒和其他队友围坐在几张桌子旁，一边说笑，一边吃炸薯条。马克斯立刻转过身，径直回家去了。

“出什么事了？”回家后，马克斯的哥哥查利问道，“你看起来，就像腹部被一个平直球击中了。”队友们的行为让

马克斯感到很伤心，此刻，他正为自己的反应生气呢。不过，他的哥哥一下子看出了问题，让马克斯感到更加难堪。

“你能闭上嘴不说话吗？”马克斯边说边“砰”的一声关上了自己卧室的门。

问题与思考

- 你有过发现你觉得是你朋友的人一起去了什么地方却没有邀请你的经历吗？后来怎么样了？你当时有什么样的感受？
- 你认为马克斯是个好队长吗？如果是，为什么？如果不是，又是为什么？

平静下来后，马克斯意识到自己的行为像一个傻瓜。马克斯的哥哥查利曾经给过他建议。查利也当过队长，高中时还是学校乐队的领队。或许他能给马克斯讲讲该如何做领导者。

“嗨，查利！”马克斯边用手敲击哥哥身旁的沙发边说道。

“哦，怎么了？”查利把眼睛从家庭作业上移开来，回应道。

“我不知道自己是否具备领导我的棒球队的能力。”马克斯最后说道。之后，他把整个事情的原委从头到尾说了一遍。“每个队友都拿我当小孩子，所以我想，既然我当了队长，对队友就得格外地严厉，”马克斯告诉查利，“不过，这意味着我就得放弃和他们的友谊吗？”

“不错，队长需要得到队员的尊重。”查利说，“但是，你因为被任命为棒球队队长而过多地考虑自己的个子，这或许也是真的。做个真正的男人，有多种途径。有的时候，做真正的男人，意味着知道什么时候对别人不要那么严厉。”

问题与思考

- 你认为一名运动队队长向队员道歉是好事还是坏事？那会使马克斯看起来更加强大，还是更加软弱？
- 尊重对你来说意味着什么？领导者受到尊重有多重要？

第二天，马克斯看见泰勒一个人站着，就过去和他聊天。“嗨，泰勒！”马克斯说，“很抱歉上周我说你说太狠了。我想我这样做，只是担心当我试图领导我们的球队时，在场上得不到大家的尊重。”

“我们每个人都尊重你的球技。”泰勒说，“只是你的身份变了，却没有人真正知道该如何对待你才好……甚至不知道怎么称呼你。”

马克斯想了一会儿，说：“这样吧，只要你们在训练时尊重我，我想你们可以想叫什么就叫什么，这样成吗？”

“没问题，矮子队长。”泰勒咧着嘴说道，“哦，顺便告诉你，队友们都在老板汉堡店聚会呢！最后一个到的埋单！”

Responsibility

罗宾博士点评

做领导者有时让人感到非常困惑。在我们的一生中，大多数时候，我们习惯于有一干人来充当我们的权威——我们的父母、老师、营地顾问，等等。而另一个群体——我们的同班同学，兄弟姐妹，还有邻居——差不多是社会地位相等的人，或是我们称之为“同辈人”的人。

马克斯不仅要学会如何领导别人，还要正视对自己的身高以及同伴如何看待他的担忧。当人们必须始终低头朝下看的时候，他怎么可能让人们仰视他呢？马克斯坚持要获得队员的尊重是对的，但是，他必须当心不要对队员过于严厉。对队员过于严厉，不仅让他与队员的友谊处于危险之中，而且对球队的士气也可能不利。找到正确的相处办法，需要每个人自己来完成。马克斯采取的重要措施是，学会接受有经验的领导者的建议，与自己的队友进行沟通。谦逊的态度和良好的沟通技巧对每一个领导者都是非常重要的——不管他个头大小。

应对小贴士

1. 练习良好的沟通技巧。学会提问，清晰表达，用平实的语言对自己的行为作出说明。如果人们不理解你的目的，你永远也无法把团队带到目的地。并且不要忘了倾听他人。

2. 你认识和信任某个知道如何领导他人的人吗？如果答案是肯定的，不要不好意思去听取他们的建议。如果答案是否定的，有些学校和其他机构开设有领导力培训项目，你可以去那里学习一些基本的领导技能。

3. 不要害怕犯错误，更不要害怕纠正错误。道歉需要勇气和谦逊的态度，但是，承认犯错是成长的重要内容。像生活中的很多事情一样，做领导者也需要不断试错。

4. 为领导行为确定边界。领导地位应该受到尊重。但是，做了领导者，并不自然而然地使你比别人更好。学会为自己的领导行为确定边界。在边界之外，做个和大家平起平坐的普通人。

最后的告诫

你乐意当领导者吗？且慢，先别急着回答。领导者必须赢得尊重，而不能向别人索要尊重。你可以从向接受你领导的人示范你想在他们身上看到的行为做起。记住：要乐于从自己的错误中学习。我们中有的人个子可能高些，有的人个子可能矮些，但是，我们都还会长高。

回顾与总结

我想，你现在已经明白，大多数人似乎都在两种选择之间挣扎：自己想怎样行动、别人希望自己怎样行动（有时候别人的希望可能只是他们的猜测）。但愿现在的你拥有更多的工具，帮你决定自己该如何行动。

当然，其中最重要的工具之一是交流。请注意交流这一工具为什么一而再、再而三地被提起。那是因为，如果你将什么都藏在心底，他人很难知道你的真实想法，你也很难纠正自己对他人可能有的错误印象。

工具之二是，不要过于傲慢，以至于不能承认自己的错误，不能在必要的时候采取道歉的行动。没有人是完美的。千万要记住：错误可以成为我们的工具，帮助我们学会在下一次行动时如何修正自己的行为。所以，不要生活在对失败的恐惧中——相反，要认识到，错误是不可避免的，如果你决定从错误中吸取教训，你就没有必要因为自己的错误而感到懊悔。

工具之三是顶住同辈压力的能力。仅仅因为“其他所

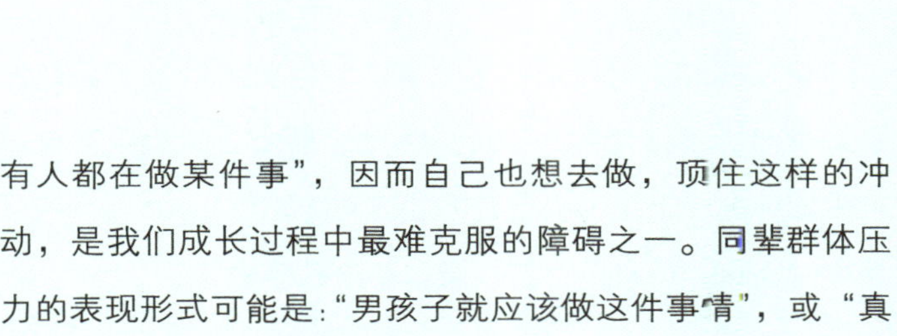

有人都在做某件事”，因而自己也想去做，顶住这样的冲动，是我们成长过程中最难克服的障碍之一。同辈群体压力的表现形式可能是：“男孩子就应该做这件事情”，或“真正的男人不会做那件事情”。当你听见别人这样说的时候还能保持头脑清醒，需要你具有强大的内心力量和自信心。

不过，好消息也是有的：有办法可以使问题变得极其简单。首先，剔除那些应该避免参与、会对你的生活和健康构成显而易见的危险的活动。一旦你剔除了这些活动，你就自由了——你可以自由地尝试，自由地追求成功，自由地犯错误，需要犯多少就犯多少。因为，只要你乐意从错误中学习，它们就会带你越来越接近你想成为的那个人。我祝愿你在走进那个人的旅途中顺利平安，同时希望你别忘了一路上尽情享受生活之乐。

祝你好运！

MK

传递爱和智慧

记住：健康的生活讲求平衡。现在你已经知道该如何走好生活之路，请将之告诉你的某个朋友，并运用到自己的生活中去。记住书中所有的“应对小贴士”，之后实践这些应对之策，让自己变得健康，不断取得进步。

- 开放、坦诚的交流非常重要。保密、谎言和欺骗只会使问题越来越糟。解决任何问题的第一步，都是坦率地公开问题。

- 永远不要羞于承认自己对有些事情不明白。没有人生下来什么都懂。所以，当你发现自己对某些东西不明白时，向你信任的人请教。你可能不是唯一不明白的人——只不过有的人觉得不好意思没有开口问罢了。

- 当你需要说“不”时，请坚定地说出来。有时候，你可能面临着去犯罪或从事危险行为的压力，这时候你说话千万别拐弯抹角。看着对方的眼睛，对对方说“不”。如果压力仍然存在，干脆离开好了。

- 知识就是力量。你知道的越多，做出的决定越正确。我们很幸运地生活在信息时代，可以很轻易地获取许多许多知识。但是，从互联网获取信息时，一定要非常谨慎。只使用那些信得过的可靠的网站。

- 不要害怕开口寻求帮助。诸如毒品、酗酒成瘾、抑郁、厌食症等问题，单独一个人很难解决。当需要专业帮助时，学会如何向他人发出请求。

- 接受真实的自己。希望让自己有所改进提高——无论是让自己跑得更快，学到更多的东西，肌肉练得更发达，还是减掉一些体重，当然是好的，但是，永远不要因为真实的自己、自己的外表或感受而感到羞愧。

- 和自己犯下的错误交朋友。当意识到自己把事情搞砸了的时候，我们常常会苛责自己。不要苛求自己，错误是我们最好的老师。

- 不要忘记：你也可以成为好榜样。当你指望别人告诉你该如何行动时，别人也在指望着你。努力做个好榜样，并乐于将你所知道的东西与他人分享。

Meet Dr. Robyn

Dr. Robyn Silverman truly enjoys spending time with young people. In fact, it's what she does best! As a child and teen development specialist, Dr. Robyn has devoted her career to helping guys just like you become all they can be—and possibly more than they ever imagined. Throughout this series, you'll read her expert advice on friends, girls, classmates, school, family, and everything in between.

As a self-esteem and body image expert, Dr. Robyn takes a positive approach to life. She knows how tough it is to be a kid in today's world, and she's prepared with encouragement and guidance to help you become your very best and realize your goals.

Dr. Robyn helps young people share their wildest dreams and biggest problems. Her compassion, openness, and honesty make her trusted by many adolescents, and she considers it a gift to be able to interact with the young people whom she sees as the leaders of tomorrow. She created the Powerful Words Character Development system, a program taught all over the world in martial arts and other sports programs to help guys just like you become examples to others in their communities.

As a speaker, success coach, and award-winning author, Dr. Robyn's powerful messages have reached thousands of people. Her expert advice has been featured in *Prevention magazine*, *Parent-*

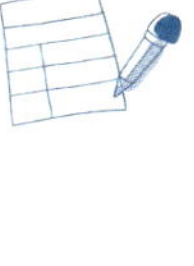

ing magazine, *U.S. News* and *World Report*, and the *Washington Post*. She was an expert for *The Tyra Show*, *Fox News*, and NBC's *LXtv*. She has an online presence, too. You can follow her on Twitter, become a fan on Facebook, and read her blog on her Web site, www.DrRobynSilverman.com. When she isn't working, Dr. Robyn enjoys spending time with her family in New Jersey.

Dr. Robyn believes that young people are assets to be developed, not problems to be fixed. As she puts it, "Guys are so much more than the way the media paints them. They have so many things to offer. I'm ready to highlight how guys get it right and tips for the ways they can make their teen years the best years so far . . . I'd be grateful if you'd come along for the ride."

Take It from Me

When I look back at my life, I often say that the hardest job I ever had was growing up. Do you feel like you are at the point in your life where you're no longer a child but not completely an adult? Well, that part was the hardest of all. Time and time again, I used to ask myself, What do people want from me? and What if I screw up? You might feel that you're alone in wondering if you can live up to peoples' expectations. You might wonder why you even have to. I know I did.

Maybe you're a little confused about how you should act, what you should look like, and what you should say in different situations. Maybe you wonder about things such as money and what to do with it. Perhaps you feel pressure from friends or television to spend your money on certain things so you can look a certain way. What does it mean to be a "real man"? How are you supposed to act? What do you do when you are given more freedom to make your own decisions, but more responsibility, too? In this book, you'll read stories about guys who worried about how they looked, how they dressed, and how they talked (particularly to girls!). And there are some guys in this book who deal with the pressure to do some really dangerous things, such as drinking, drugs—or worse. You'll see them make good decisions and some not-so-good decisions.

Not every problem you face is going to have a simple solution. And at one point or another, chances are you're going to make a bad choice about how to act. But with a little effort, willingness to admit your mistakes, and some help from a few important people (such as your friends, your family, and people you look up to) you'll find that you have what it takes to make it through. You'll come out of it better, smarter, and more mature than when you started. That's what it means to "grow up".

In the meantime, don't forget to have fun. While you may face problems and confusion, you're also entering one of the best times of your life. You can do more things, see more places, and get to know more people. And when things don't quite work out the way you hoped, it doesn't mean something is wrong with you. Instead, these situations are an opportunity to make yourself even better. So step up to the plate and see what happens.

Good luck,

MK

BOY

Chapter 1 The Full-Court Press

With money comes something we didn't really expect: responsibility. That is, the responsibility to make wise decisions about what to do with it. Should you save it? Spend it? And if so, on what?

It's hard enough to think clearly about what to do with your money. But it's even harder when you are the target of advertising that constantly tries to make you spend it on tons of different products. Did you know that your age group is one of the groups that advertisers focus on the most? And what do you do when everybody suddenly shows up listening to the same music player or wearing the same label? Sometimes that's enough to make you feel like a freak or a loser or to make you wonder if maybe everybody knows something you don't. That's kind of what happened to Luther. You could say he knows what it's like to experience a "full-court press".

Luther's Story

Ever since he was old enough to walk, Luther's life revolved around basketball. After dinner, he'd run out to shoot a few hoops in the driveway before it got too dark. On weekend afternoons, he'd head down to the park where there was always a pickup game. Luther was tall, a fast dribbler, and a good shooter. He never had to worry about being picked last for a team.

When Luther got to junior high, he easily made the starting team. But when he showed up to the first practice, he noticed something. His teammates were all wearing basketball shoes with familiar logos. Luther, on the other hand, was wearing some plain athletic shoes his mom had picked up from some discount department store. For the first time he could remember, Luther felt embarrassed and unsure of himself on a basketball court.

Think About It

- Have you ever had an experience like Luther's? What happened?
- Is it important for Luther to wear the same kind of shoes as everyone else? Why or why not?

Luther made an announcement at dinner that night: "Mom, Dad, I need new sneakers."

"What's wrong with the ones you have?" his mother asked. "They're almost new."

"They're just not right!" Luther finally said, looking down at the table.

"Well," said his dad, "if you want new sneakers, you can pay for them with the money you made mowing lawns this summer."

"But Dad, you know I'm saving that to buy NBA tickets!" Luther exclaimed.

"Sorry, Son," his father told him. "But that's how it is. We can't afford to buy you everything you may want."

Think About It

- **What did Luther mean when he said that his sneakers were "not right"? Was that a good answer to his mom's question? Why or why not?**
- **Have you ever had a situation where you wanted two things but only had money for one? What was it? What did you do?**

At school, Luther ran into his coach and decided to talk with him about the situation.

"Coach Braden," he asked, "do I need to get myself some different sneakers?"

The coach looked puzzled. "The rules say only

that you need to show up in uniform and wear acceptable athletic footwear. Is there any reason why you think the ones you have are not acceptable?"

Luther explained that everyone seemed to be wearing the same brand that the NBA players wore—the kind advertised on billboards and at the mall. Luther, on the other hand, wore a brand nobody had ever heard of.

"Well, Luther," Coach Braden said, "it's true that some of those brands have features that might be helpful with your game: extra cushioning, more flexibility, and things like that. On the other hand, you might be paying extra just for a name and a design. It's up to you whether you want to pay extra for those things. All I care about is that you play the best game you possibly can, and the same goes for your teammates." The coach gave Luther some magazines with reviews of new athletic shoes by people who didn't work for the shoe companies. "Maybe these can help you decide." he said.

Think About It

- Does the fact that a professional player recommends a certain brand of shoe mean that the brand is somehow better? Why or why not? Have you ever bought something just because a celebrity recommended it?
- Why do you think the coach gave Luther those maga-

zines? Couldn't he have just told him what to do and which shoes to buy? Why didn't he?

At the mall, Luther went into an athletic shoe store and started trying on shoes. Next to the shoes, there were life-size cardboard cutouts of the NBA stars who recommended them. He tried on the pair with the same design and logo that most of his new teammates wore. "How much are they?" he asked the salesperson. "Those just came out," the salesperson replied. "They're $180." That was all the money Luther had. As he reached into his gym bag, the coach's magazines accidentally spilled out. He realized that he hadn't even read them yet, and the NBA tickets weren't sold out yet. Besides, no one was going to kick him off the team today for wearing his old shoes.

"Can I ring them up for you?" the salesperson asked. Luther looked at his feet with the new shoes. His plain shoes were on the floor next to them.

"Thanks," he finally answered, "but I have some research to do first."

Think About It

- **What do you think Luther eventually decided to do? What would you have done? Why?**
- **What do you think went through Luther's mind as he looked at the new basketball shoes and his plain shoes?**

Ask Dr. Robyn

Luther learned that for every choice, there's a sacrifice. Making his choice even more difficult is the advertising everywhere he looks: on television, on the streets, at sports events, even in video games! And a lot of it is directed right at Luther and other guys his age. The ads often show the kinds of people young guys might want to be. They try to make people associate those qualities they admire with the product or the brand and its very identifiable logo. When more people buy into the brand, it becomes harder for the rest not to join the pack. A situation like this becomes more than just a question of money. It is also a question of our ability to think clearly in the face of a great deal of pressure.

Talking about decisions with someone you trust can often help you make wiser choices. And of course, the more you can educate yourself, the better. Then you're on your way to growing into not only a smart consumer but also a secure and self-reliant adult.

Work It Out

1. Make a list of your wants and needs. Get a good idea of things you really need, those you really want, and what you probably can do without.

2. Seek advice. Ask other people who own the prod-

uct about their experiences. Get input from people who know about the product. Search independent reviews on the Internet and in your library. Remember, advertisements exist to get you to buy!

3. Take your time. An impatient purchase is often a regretted one.

4. Become media literate. Learn to sift through the information you receive. Understand that images, words, and colors are carefully chosen to get you to buy.

The Last Word from MK

Today, we grow up in a world full of logos, brands, and ads, ads, ads. When you reach the point where you have to start making decisions about what to do with your own money, you begin to realize that sacrifices have to be made. If you buy one thing, you can't afford something else. Resist pressure. Whether it's from guys your age, a salesperson, or advertising on television, don't let yourself feel pressure to buy something before you decide that it's what you want or need.

BOY

Chapter 2

Financial Freedom

Few people forget their first job. There's something satisfying about earning money for work you've done. It makes you feel like you're on your way to being an independent adult. Making your own money might give you the chance to spend it on some extra things. Sometimes, though, it can make you forget how much you still rely on your parents for most of your needs. Making your own money does allow you some extra freedom, but your parents will probably still insist on some limits.

What should these limits be? Well, that's up to each family to work out. And "work out" can sometimes mean getting into conflict. This might sound like a bad thing, but it doesn't have to be. As Sam is about to learn, getting into conflict with your parents isn't the end of the world. As a

matter of fact, learning to handle conflict sensibly is actually an important step on the road to adulthood.

Sam's Story

At 6:00 p.m., Sam brought the last of the dogs, Lucy, a big mixed breed, back to the Greenwalds' house and was done for the day. About two months ago, his parents told him they would provide Sam with everything he needed, but if he wanted to buy any "luxuries," he would have to pay for them himself. And that meant getting a job. It was their way of teaching him how to be responsible with money.

Sam came up with the idea of walking his neighbors' dogs, and it had worked out really well. He walked six dogs a day, twice a day, for a dollar a dog. Sam carefully put away half his earnings, and his savings added up quickly. His parents kept his savings for him, marking down how much money he'd earned on a board on the refrigerator. Today, he was ready to spend it.

"Mom, Dad," he said when he got home, "can I have my money now? There's something I want to get."

"Sure," his Dad answered. "The money's yours. What are you going to get?"

"A dog," Sam answered.

When his father said, "No way!" Sam was angry and disappointed.

Think About It

- Have you ever saved up for something and found out later that your parents wouldn't let you buy it? What was it? What happened?
- Do you think Sam deserved to get a dog if he saved up the money for it? Why or why not?

"But Dad!" Sam protested. "You said the money was mine."

"Yes, it's yours," his Dad responded. "But you're still my son, and your mother and I make the rules in this house. And we say no to getting a dog."

Sam got very angry. "That's not fair!" he said. "You lied to me!"

"That's no way to talk to your parents," his dad replied. "This is still our house, and while you're here, you live by our rules."

Within a day or two, people started calling Sam's house, wondering why he didn't come by to walk their dogs. Sam didn't even answer the

phone. He just let it go to voice mail. When his mom discovered all the messages, she wanted to know why Sam stopped working.

"Why should I make money if I can't even spend it on what I want?" he asked.

His mom thought for a second and said, "I think it's time we called a family meeting."

Think About It

- **What do you think of Sam's dad's reasons for not allowing him to get a dog?**
- **What do you think about Sam's decision not to work anymore? How would you have handled the situation?**

When Sam's dad got home, they all sat around the kitchen table. Sam pointed out the reason he got a job in the first place was because they said he needed to learn how to manage his own money. Now that he wanted to make a decision, they wouldn't let him.

His dad explained to Sam that getting a dog was not like getting a new shirt. Even though Sam had a lot of experience walking dogs, taking care of one full-time was a big responsibility—one that would affect the entire family.

"Have you researched anything about training a dog?" he asked. "Do you know how much

work it is to train a puppy? They need a lot of care and attention."

Sam admitted that he hadn't. "If I learn all about it, then can I get one?" he asked.

"Well," his mom said, "why don't you do some research. Think about it for a while. If you still want a dog by your sixteenth birthday, we can consider it then. That way, we know you're not rushing into a bad decision. Is that a deal?"

It sounded reasonable to Sam. "Okay," he said, grabbing his jacket and heading out the door.

"Where are you going?" his father asked him.

"I gotta get over to the Greenwalds' right away," he said. "Otherwise, I'm going to lose a customer."

Think About It

- What do you think about the solution that Sam's family worked out? Would you be satisfied with it if you were Sam? Why or why not?
- Why did Sam suddenly start to care about losing customers when he hadn't cared before?

Ask Dr. Robyn

Conflict often arises when a guy's desire to be independent clashes with his parents' desire to maintain control and set boundaries for acceptable behavior. In this case, Sam was trying to demonstrate his independence by getting a dog. He had worked for the money, after all. Shouldn't he be allowed to spend it as he sees fit? His parents, on the other hand, are concerned that Sam might be making a serious mistake. And they are still the ones who make the rules in the house.

There are no easy answers here. But we can still point to a few factors that helped the issue of the dog to come to a successful resolution—at least for now. Notice that when Sam and his family speak angrily to one another, nothing is accomplished. Through calm and open communication, however, Sam is able to better understand why his parents behaved the way they did. Sam's parents, in turn, can get a better idea of where Sam is coming from. It is only then that they are able to work out a solution—one that recognizes that parents still have authority, but one that also allows Sam to demonstrate enough maturity and responsibility to make a decision about getting a dog. It's a win-win situation.

Work It Out

1. Conflict, particularly with parents, is a fact of life. Learn to accept these disagreements for what they are. They are not signs that your parents don't love you or don't care about how you feel. The key to maintaining a good relationship in the face of conflict is learning to compromise.

2. You don't resolve conflict by keeping everything to yourself. Learn to tell your parents how you feel, and don't forget the other half of communication: listening.

3. It's okay to say how you feel, but it's a good idea to wait until you're calm to say it. Words spoken out of hurt or anger probably won't help the situation.

The Last Word from MK

Making decisions when you're angry is dangerous. Luckily, instead of taking a step backward, the family was able to work out a solution that helped Sam move toward greater independence and better decision making. Remember how much can be accomplished through honest conversation and learning to compromise.

Chapter 3

Mr. Moneybags

Okay, so who wants money? Easy question, right? Everybody does. Having money allows you to buy the things you want—from a pizza after school to a hot new video game. Just having money in your pocket somehow makes you feel good. But money can be like fire. If you don't handle it wisely, you can get burned.

You'll probably find that the first time you're in charge of spending your own money—like when you get your first real allowance—it creates as many problems as it solves. Do you spend it for something you want now, or save it up for something bigger? And then there's the annoying fact that no matter how much money you have, you can never buy everything you want.

Trickiest of all is the way having—or not

having—money can change the way we look at ourselves and the way others look at us. You know that expression, "Money can't buy you love"? Well, as Manny is about to find out, it doesn't even buy you friendship. Not for long, anyway.

Manny's Story

Manny kept looking at his wallet to make sure he wasn't dreaming, but there it was: a crisp $50 bill. He had never felt richer than he did at that very moment. His parents had decided he was old enough to receive a monthly allowance and today was payday! Manny couldn't wait to get to school so he could brag about it, especially to his friend Salim.

During recess, Manny casually took out his wallet and started playing with the bill. It had a big picture of President Ulysses S. Grant and actually changed colors when he tilted it. Other kids gathered around to look. "Manny, where'd you get that?" they asked.

"My parents," he answered smugly. "But it's mine now."

"What are you gonna spend it on?" Salim asked.

"My friends, of course," he answered.

And suddenly, Manny found that he had a lot of friends.

After school, Manny announced he was going out for pizza. "Who wants to come?" Half the class followed him. At the pizza parlor, Manny bought the double jumbo pizza special. Within minutes, it was all gone.

Think About It

- **Was it a good idea for Manny to show off his money in front of everyone? Why or why not?**
- **Have you ever bought things for people just to be popular? What happened?**

Afterward, the group passed a video game store. Someone pointed out that a new car racing game was on sale.

"C'mon, Manny, get the game so we can all play it." said Manny's classmate Nate.

"Manny, what are you doing?" Salim whispered to him. "You always said Nate was mean. He and his friends used to ignore you. Why are you buying all that stuff for them?"

But Nate pushed his way in between them and threw his arm around Manny. "So you 'da man' or not, Mr. Moneybags?"

Manny still had plenty of cash left in his

wallet, so he figured, Why not?

"Okay, video games at my house," he announced. Everybody cheered, and Manny felt better than he had in a long time. He liked being "Mr. Moneybags." He didn't even notice that Salim didn't come along.

Think About It

- Why does Salim try to talk Manny out of buying the video game?
- If Nate and his friends were mean to Manny, why does he want to treat them to pizza and a video game?
- Have you ever found yourself trying to do nice things for people who acted like they didn't like you? How did it work out?

Manny's mom soon noticed he was hanging out with a new crowd.

"Where did all these people come from?" she asked him. "And how come I don't see Salim around? I thought he was your friend."

"Salim doesn't like to have fun like these guys do," Manny answered.

"Well, just make sure you're not buying your friends," his mom warned him. "Because at this rate, you won't be able to afford them. You still have three weeks to go before you get your next allowance, so I hope you're putting some money away."

To Manny, the idea of "buying" friends sounded like a joke. "Don't worry, Mom," he said. "I still got plenty left."

Think About It

- **What do you think of Manny's mom's advice?**
- **Do you think people act differently when they have money? In what way?**
- **Do you think people act differently toward people who don't have money? In what way?**

The next week, the kids all followed Manny to the pizza parlor after school. He sat down at the table and was ready to order, but when he

looked in his wallet, there was nothing there. He didn't even have any money to buy a small slice for himself!

"Er, sorry guys," he said, a little embarrassed. "I guess I'm out of cash. Maybe somebody else can buy the pizza today."

"What, no pizza money, Moneybags?" Nate said. "In that case, we're outta here." And suddenly Manny was sitting all alone.

"What happened to all your friends, Manny?" he heard someone say. Manny looked up to see Salim was standing by the door.

"You were right about Nate and those guys," Manny said. "I can't believe what an idiot I've been. I'm really hungry now, and nobody would even buy me a small slice."

"Well, at least you know it now," Salim said. "C'mon, let's eat. My treat."

Think About It

- **Why do you think Manny ran out of money so fast? What should he have done to prevent that?**
- **Do you get an allowance or make money at a job? Do you have a budget? If no, why not?**
- **Do you think Manny learned something about money and friendship? If so, what?**

Ask Dr. Robyn

An allowance can be our first true experience with handling money. We might start with some small amount when we're really young—just for a few extras, such as a snack after school—and then as we get older, we become responsible for more and more of the things we buy. This way, we learn about handling money through actual experience. And experience can sometimes be a tough teacher.

Manny made a few basic mistakes. He didn't plan ahead to make sure his money would last him until his next allowance payday. But he also learned something valuable: Money doesn't buy you friendship, and it doesn't make you feel better about yourself. Those things have to be earned in a different way. Now that he's figured that out, he can start the next month a little wiser. He can concentrate on budgeting. And now he knows not to waste his money on things—and people—that can't really be bought anyway.

Work It Out

1. It's not enough just to know how much money you spent and how much you have left. Work out a budget—how much you can afford to spend each day. Once you do that, you can start spending—and saving—your money wisely.

2. Don't depend on your memory to keep track of your money. Write down where and how you spend your money and make sure your plan adds up!

3. When you think about buying something, always ask whether it's something you actually need or just something you want. It's okay to get things you want; just make sure that the needs come first!

4. Whether you save a lot or a little is up to you. But it's always a good idea to put something away for a "rainy day." A good rule of thumb is 10 percent. You never know when it's going to come in handy.

The Last Word from MK

Manny will probably have a hard time until he gets his next allowance, but that's how it goes with money. The only way you really learn how to handle it is by actually having some, even if you do blow it all on things that really weren't worth it. Making mistakes is just part of the way we learn. The next time around, we can be a little more careful and plan ahead. The most important thing to remember is that some things—like your friends and the way you feel about who you are—don't come with a price tag.

Chapter 4

The Ladies Man

Growing up, guys and girls are like two sides of an accordion. When you're really young, you all pretty much hang out together. Then as you get a little older, you kind of separate—boys with boys, girls with girls. Then guys start to get interested in girls again in a different and much more confusing way.

Meanwhile, we become very aware of being guys and start to feel like we're supposed to "act like men." The hard part is that we really don't know what that means. In fact, nobody really knows what that means, but that doesn't stop most guys from pretending like they do. While we might get some signals from the television shows we watch or the music we listen to, we're mostly going to look at the other guys we hang around with and act like them. And usually that means acting tough. Sometimes, a guy might even start to disrespect a girl to prove he doesn't like her. But that's not what makes a real man, as Trey will slowly learn.

Trey's Story

It was just another afternoon, and Trey was doing what he usually did: hanging out with his pals, Baxter and Chen. Sometimes they would go to someone's house to play video games, or if the weather was nice, they'd hang out in the park and play Frisbee or basketball. They liked to listen to music, too. Trey was from the South, so he had grown up listening to country music. He even played the guitar. But Baxter and Chen's favorite songs were full of negative words about girls. "Only wimps like that romantic stuff," Baxter would say. Trey didn't want to look weak. So he started listening to the same kind of music.

Trey remembered when he was younger, the boys and girls all basically mixed together, but not anymore. And Baxter and the guys were very antigirl. Mostly, the guys would just order the girls around, as if it were the girls' job to do whatever the guys wanted. When the girls refused, Chen

and Baxter would call them names, the kind of names they'd hear in those songs. Soon, Trey started using those words, too. The girls usually just turned and walked away mumbling things like, "Those boys are so immature," or "Grow up!"

Think About It

- **Does the kind of music you listen to say anything about you? What do you think your music taste says?**
- **Why do you think the boys started being "antigirl"? Have you ever been "antigirl"?**
- **Have you ever started using a word just because your friends were using it?**

One day, Trey was assigned to write a report about how electricity works. He didn't have the slightest idea where to find the answers. He asked Baxter and Chen for help, but they didn't know either. The only person who would know was the smartest kid in their science class, Leticia. Trey and Leticia had been friends when they were younger, but lately they never spoke to each other. Trey tried to approach her, but she just ignored him.

"You have to help," Trey said. "Otherwise, I'm going to fail."

Leticia laughed. “Well, maybe if you don’t treat us girls like dirt, some of us might even care,” she said and walked away. Trey got angry and started yelling names at her. Leticia didn’t even turn around.

Think About It

- Do you think it was right for Leticia not to help Trey? How do you think she felt about the way Trey and his friends talked about girls?
- Have you ever made someone angry with you because of how you spoke about the group he or she belonged to? What happened?

Trey was mad when he got home. He walked through the door and threw his books on the floor.

“What’s gotten into you?” his dad demanded. Trey angrily explained what had happened and how Leticia wouldn’t help him.

“Well, if you spoke to her the same way you are speaking to me now, no wonder she won’t help you,” his dad said. “What you’re saying sounds a lot like what I hear coming out of your iPod. If you want Leticia’s help, you have to treat her with respect.”

“What do you mean?” Trey asked.

Trey's dad explained that Trey was probably just beginning to notice how different boys are from girls.

"Sometimes that can feel uncomfortable," his dad said, "but boys will always need girls, and girls will need boys. You all have to learn to get along together."

Think About It

- What do you think of Trey's dad's advice? Has anyone ever given you good advice about how to treat girls? Who was it? What did he or she say?
- What do you think it means to treat girls with respect?

At school the next day, Trey went over to Leticia and apologized. "Hey, Lateesh, I just wanted to let you know that the way I acted to you was wrong. I don't expect you to help me with my paper, but I still wanted to tell you I was sorry."

"I'm glad you said that," she responded. She was quiet for a minute. Then she said, "You know, my mom can't pick me up today, and I need someone to help me carry all my lab stuff home. Well, maybe if you do that, I'll see what I can tell you about electricity."

Trey used to help Leticia carry things home many times. He hadn't minded it at all, and it

was actually kind of fun hanging out with her.

"Deal!" Trey said.

After school, Trey ran into Baxter and Chen. They invited him to go with them to the park, but Trey said no. "Aw, man," Baxter said, "you going to go hang out with that—"

Trey stopped him right there. "She's my friend," he said.

Leticia smiled as Trey came over to help her with some bags. He thought about the school dance that was coming up. Maybe he could even ask her to go.

Think About It

- Did apologizing to Leticia make Trey look weak? Did interrupting Baxter before he called Leticia a bad name make Trey look weak? Why or why not?
- Did Baxter and Chen have the right to be angry when Trey didn't hang out with them? Why or why not?
- Do you think Trey and Leticia's relationship will be the same as it was when they were younger, or different? If different, how so?

Ask Dr. Robyn

As you grow up, finding your identity as a man becomes both important and confusing. This is especially true when it comes to relating to girls. Often, we look to television, movies, popular music, and even guys our own age for help in how to act. In these places, you can find both good and bad examples. Just because you see the behavior in action doesn't mean it's right!

It's important to pay attention to what kind of messages you're receiving. Think about the lyrics and language you hear. What are they telling you? In Trey's case, both the music he listened to and his friends offered bad examples, which made it difficult for him to relate again to his old friend Leticia.

Luckily, he was able to find a good example in his dad, who gave him some solid advice about being a man. In the end, Trey was able to learn that you don't make yourself more of a man by disrespecting girls. We are all human—men, women, boys, and girls. And when Trey learns to take responsibility for his actions (by admitting he was wrong and apologizing) and treat Leticia with kindness (by giving her the respect every person deserves), he is well on his way to truly understanding what it means to be a man.

Work It Out

1. Be yourself. There is no reason to act a certain way just because that's how other guys behave (either around you, on television, or in music).

2. Respect others to get respect. Nobody deserves to be treated worse because they're a boy or a girl, black or white, or rich or poor. Learn to respect everyone as a person, and you'll find that you'll also get respect in return.

3. Find positive role models. Look to men you respect (such as your dad, an older brother, or a teacher, for instance) to help you understand the situations that men face today. You'll probably realize you're less alone than you thought.

4. Never try to pick yourself up by putting others down. This shows insecurity, not strength.

The Last Word from MK

Nobody said it was easy to figure out what it means to be a man and how to deal with the opposite sex. But that doesn't mean you need to put extra pressure on yourself by thinking you have to act a certain way. Just remember: you'll never succeed in raising yourself up if it means putting somebody else down.

Chapter 5

The Brown Bagger

It's going to happen sooner or later, so you'd better get ready. At some point, you'll face the pressure to drink alcohol. We see so much on television and elsewhere that shows drinking as being fun, happy, and cool. It's really hard to understand how dangerous it can be to drink alcohol, especially when you're young.

Alcohol has negative effects on many things, including schoolwork, sports, or even the ability to follow a movie or a conversation. Then there's the damage it does to your body and brain, particularly when you're still developing. And worst of all, like cigarettes, it's very addictive.

The thing is, no kid puts down a soft drink and picks up the hard stuff because he likes the taste. It's usually because there's something missing in a person's life, or he thinks he has some-

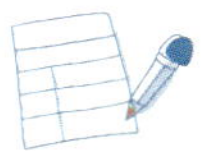

thing to prove. And focusing on that can help you resist the pressure that says, "If you don't drink, you're not really cool." It's not easy, but it's important. It was an important lesson for Carlos—and one for you, too.

Carlos's Story

Carlos lived alone with his mom. She was a successful businesswoman, so Carlos always had nice clothes and plenty of cool gadgets. The only problem was that his mom moved a lot because of business, so Carlos always had a hard time making friends. And because she was always so involved with work, either going off to meetings or making deals on the phone, Carlos hardly spent any time with her. He was often bored.

Carlos was jealous of Justin, a guy at school who always seemed to have friends hanging around him. Carlos often wondered what he needed to do to become part of his group. One day, Carlos was walking home and saw Justin and some other kids going into Justin's house.

"Hey, it's that Carlos kid," Justin called out. "My folks are away so we're going to party. Are you in?" Carlos didn't know what Justin meant, but he

didn't want to blow it by sounding like an idiot.

"Sure," he answered, and followed the guys into the house.

Think About It

- **Have you ever pretended you knew what was going on because you were too embarrassed to ask? What happened?**
- **Do you think Carlos did the right thing in this situation? What would you have done?**

In the kitchen, Justin tossed Carlos a can of beer like it was some totally normal thing. Carlos had never before tasted any kind of alcohol.

"You're not still a baby, are you?" Justin asked as Carlos hesitated. Everyone chanted, "Drink! Drink!" until Carlos cracked open the can and drank.

The beer tasted awful. It was foamy and bitter, but Carlos made himself swallow it. When everyone shouted "Yeah!" he took another sip. And then another. The other guys were cracking open cans for themselves, and someone passed him another beer. He drank that, too.

Things got blurrier after that. Carlos barely remembered walking home. His mom wasn't home when he got there. Carlos felt sick that

night and thought he was going to throw up the next morning. But his mom didn't mention anything the next day. Carlos got a text that afternoon from Justin. He felt like he'd broken into the group—even if his head was pounding.

Think About It

- If Carlos didn't like the taste of beer, why do you think he kept drinking? What would you have done?
- Have you ever felt pressure to drink alcohol or do something you knew you shouldn't do? What was that like? What did you end up doing?
- Do you think that drinking alcohol is a sign that you're grown up?

A few weeks later, Carlos was called in to see Mr. Ikeda, the guidance counselor.

"Carlos, your teachers have noticed that your grades are dropping and that you don't seem interested in school," he began. "I'm wondering whether something has changed recently? Are you having any problems at home?"

"My mom's been having trouble at work, and she's been needing me to help out extra around the house," Carlos answered, surprised at how easy it was to lie. He didn't have any chores. His mother hired people to do that.

"Well, next week is parent-teacher night," Mr. Ikeda said. "Maybe we can all talk about how to arrange things so your schoolwork doesn't suffer." But Carlos wasn't worried. His mom was always too busy to attend those things, anyway.

Think About It

- Why do you think Carlos started doing poorly at school? Is there one reason, or more than one?
- Do you think Carlos should have told Mr. Ikeda the truth? Have you ever lied to cover up something you didn't want people to know you were doing? What happened?

Carlos liked the idea of having drinking buddies. It sounded very grown up. Justin had an older brother who would sometimes give them a bottle of something. Or, they would try to get people to go into the store and buy alcohol for them. They switched to whiskey because the bottles were smaller and easier to hide. Soon, Justin began bringing bottles to school and secretly "brown bagging," as they called it, in the schoolyard.

"I better get to homeroom," Justin said, holding his almost-empty bottle. "Who wants to finish this?" They had already had a lot to drink, but Carlos liked to show he was braver than any-

one else. As he tipped his head back and drank, the schoolyard spun around him. He felt like he was going to be sick. Mr. Ikeda happened to be walking by just then. He had barely asked, "What's going on?" before Carlos doubled over. The bottle fell from his hand and smashed on the ground.

Think About It

- What do you think made Carlos want to prove he was braver than his friends?
- Have you ever done something you shouldn't have done just to feel like you were grown up? What was it?

Twenty minutes later, Carlos was sitting in the nurse's office. He felt like the room was spinning. Mr. Ikeda was there, too, and they were all waiting for Carlos's mother to arrive.

"We were wondering why his grades were falling," Mr. Ikeda said when she finally got there. "Did you know your son was drinking? Have you talked to him about it?"

"I've been so wrapped up in my work," his mother replied. "I had no idea Carlos was drinking." Carlos could tell she was angry.

When they got into the car, Carlos's mom looked at him and said, "I haven't been paying

enough attention to you or to what you've been doing. I think you and I need to start talking to each other."

Carlos agreed, but at that moment, he felt too sick to say so.

Think About It

- **What do you think will happen to Carlos? Will he drink again?**
- **What effect do you think it will have if Carlos and his mother spend more time together talking? Do you think that will make him less likely to start drinking again? Why or why not?**

Ask Dr. Robyn

Drinking alcohol is never completely risk-free, even for adults. But for preteens it's downright dangerous. Younger people who drink are more likely to fail in school, to become addicted to alcohol, and to get in trouble with the police. They put their mental, physical, and social health at risk for many other unpleasant consequences as well.

The problem is that as we get older, the pressure to drink becomes more intense. At the same time, we also become more curious about the world around us. On the positive side, because we are more mature, we can understand the facts about alcohol and what it can do. This will help us find the strength to say no, and if necessary, to leave the group when there is pressure to get drunk.

And remember, you don't have to do this alone. Many parents might not be aware of how much of a problem drinking can be at your age, so it might be up to you to tell them if you want their help. You can also talk to a guidance counselor or another adult you trust. He or she can offer valuable suggestions and point you to other resources at school, in the library, or online.

Work It Out

1. Never drink something unless you know what it is. If

someone offers you something at a party, ask what it is and where he got it. If you don't like his answer or he doesn't have an answer, don't drink it.

2. Learn to say no. Don't make excuses if you're offered alcohol. This makes it easier for people to talk you into it. Look them in the eye and say, "No, thanks."

3. Avoid friends and situations where you know you'll feel pressure to drink. Friends who pressure you are not true friends.

4. When all else fails, leave. Always have a phone number where you can reach your parents or another responsible adult if you need to be picked up.

5. Remember that there are plenty of fun things to do that don't involve drinking.

The Last Word from MK

So are you getting the message that alcohol is not some fun thing that makes you have friends and feel grown up? The temptation to try alcohol is strong, because advertisements, movies, and television show drinking as being a cool thing to do. But you can be stronger than that. You don't need alcohol to have fun or fit in!

Chapter 6
The Choker

As you grow up, you start to become aware of all the things life has to offer. It's only natural to be curious and want to experiment. After all, that's a big part of how we learn about ourselves and learn about the world. In most cases, even if we make mistakes, we can pick ourselves up and move on, better and wiser for our experience.

In a few cases, however, life might not be so forgiving. It's important to remember that risking our lives or permanently damaging our health in the name of fun is never worth the risk. And this is often the case for kids who—because of boredom or pressure from friends or both—experiment with different ways of getting high. Luckily, most schools and parents make sure that kids understand the dangers of using drugs,

which include health damage, brain damage, and death. What is often overlooked, though, are other methods of getting high—methods that don't involve drugs. Some of these methods, as Damian is about to learn, are just as dangerous as drugs, if not more so. The consequences are every bit as severe.

Damian's Story

"Another boring day in a boring town," said Damian as his friend Kyle walked in the front door of Damian's house. Most people didn't understand what it was like to be stuck in the middle of a nowhere town with nothing to do. Kyle understood. That's why Damian liked to hang out with him.

"I know," Kyle said. "So where are your parents?" Damian explained that his mom had to have an operation recently, and now his dad took her to the doctor every few days to make sure everything was better.

"Oh yeah?" Kyle asked. "Did she bring back any pain pills?"

"Yeah," Damian said.

"Well, let's take some," Kyle said. "If you

don't have any pain, then they make you high."

"Whatever. Do you seriously think I'm gonna let you swipe my mom's pain meds? Besides, she'll know if some are missing." Damian wasn't about to gamble on taking something the doctor hadn't given directly to him.

"Okay, well, I know how to get a buzz without any drugs," Kyle said. He explained that all you needed to do was choke someone for a little bit with a belt or a necktie.

"Once you let go, it feels really good. It's called Pass Out," he said. "Wanna try it?"

Think About It

- Is getting high the only solution to boredom? What else could Damian and Kyle do for fun?
- Have you ever heard of a game like Pass Out? What do you know about it?
- Do you think Kyle is a good friend to Damian? Why or why not?

Kyle took off his belt. He wrapped it around his neck and then pulled it tight. His face turned red, then white, then a little blue. His eyes bulged and turned red. Damian was afraid that Kyle might pass out but just before he did, Kyle let go of the belt. "Whoa," he said, spinning around the

room. "Cool."

Kyle offered the belt to Damian, but Damian was still a bit unsure.

"Wuss!" Kyle said. Damian wrapped the belt around his neck and pulled. The pressure on his neck felt terrible, and his heart started to race. When he let go, his brain started to tingle, but he thought it felt good. Well, it felt different, anyway. He and Kyle started playing Pass Out whenever they felt bored, which turned out to be quite often.

Think About It

- Have you ever done something because you were afraid of being called a wuss? What happened?
- Does Pass Out sound like a healthy or a smart way to pass the time? Why or why not?

One day at school, a man came to speak to Damian's class. He told them a terrible story about how his son died playing something called the Choking Game. What he described sounded exactly like what Damian and Kyle called Pass Out. The man even said the game has many different names. "And even if you don't die, the game damages your brain . . . forever," he told them. "It's worse than a lot of drugs."

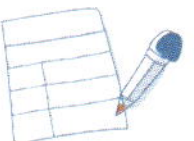

Damian was shocked by what the man said. He had no idea what they were doing was so dangerous. But Kyle just laughed. "Don't worry about that guy," he said. "His son was probably a total loser." Kyle told Damian to meet him in the locker room for a quick buzz. Damian wasn't sure. He said he would catch up with him later.

Think About It

- What do you think about how Damian reacted to what the man said about the Choking Game? What do you think of Kyle's reaction?
- Have you ever done something and learned later that it was very dangerous? What happened?
- Was Damian right in not going with Kyle to the locker room? What else could Damian have done?

Damian walked up to the table where the man had some pamphlets and other information.

"Do you know anything about the Choking Game?" the man asked him.

"Yeah, I think I heard somebody talking about it once," Damian answered, not wanting to reveal too much.

"Well, don't ever do it, please," the man told him. "And don't let your friends do it either."

"How can I stop other people from doing

it?" Damian asked.

Before the man had a chance to answer, one of Damian's classmates burst into the room. "Come quick!" he shouted. "Kyle's in the locker room, and he's not breathing!"

When they got there, Kyle was slumped on a bench with a belt around his neck while the principal was calling 911.

"Does anybody know how this happened?" the principal asked.

Damian just stood there, not knowing what to say.

Think About It

- How do you think Damian felt when he learned what happened to Kyle?
- Is there something Damian could have done to prevent this? What?

Ask Dr. Robyn

Few people realize how many thousands of families have lost loved ones because of the Choking Game. It's only recently that parents, teachers, and other professionals have become aware of it. And yet, the dangers of the Choking Game are as bad or sometimes worse than even the hardest drugs.

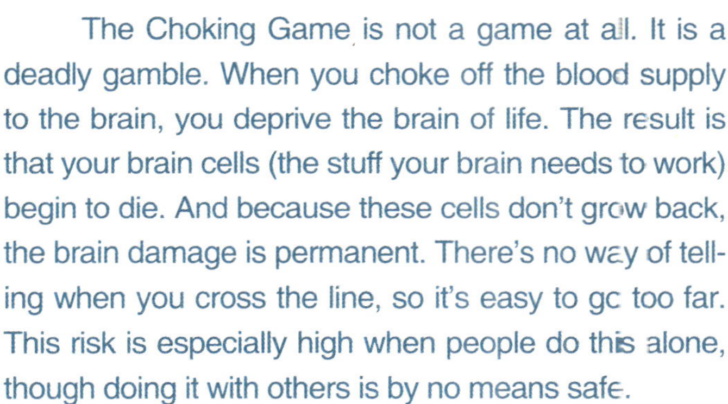

The Choking Game is not a game at all. It is a deadly gamble. When you choke off the blood supply to the brain, you deprive the brain of life. The result is that your brain cells (the stuff your brain needs to work) begin to die. And because these cells don't grow back, the brain damage is permanent. There's no way of telling when you cross the line, so it's easy to go too far. This risk is especially high when people do this alone, though doing it with others is by no means safe.

So if you are doing the Choking Game, stop. If someone you know is doing it, tell him to stop. If he doesn't, then you need to inform someone—a parent, a teacher, or anyone else who can help. You may think it's uncool to rat out a friend, but what you're actually doing is saving a life. And there's nothing cooler than that. Besides, imagine how it would feel to lose a friend because you didn't speak up.

Work It Out

1. Trying the Choking Game even one time can

cause permanent brain damage or death. Never agree to go along with it, no matter how much pressure you feel.

2. If you are doing the Choking Game and you can't stop on your own, get help. There are many resources out there to help you get away from this deadly practice.

3. Keep your friends from doing it, too. Under no circumstances should the Choking Game remain a secret. If you know of someone doing it, you need to make sure that he stops, even if it means reporting it to his parents or teacher.

4. Find healthy substitutes. Life is full of activities that will give you joy and will keep you away from dangerous temptations.

The Last Word from MK

When it comes to something like the Choking Game, it's important that you really understand the dangers involved. Hopefully, what you'll take away from this is how important it is to involve yourself with healthy activities and not let so-called friends talk you into something you may or may not live to regret.

BOY

Chapter 7
A New Look

Things have really changed when it comes to clothing and style. These days, there are as many styles for guys as there are for girls. So now you and your peers are under all kinds of pressure to express yourselves through your appearance.

For some, that means conforming to the most popular styles. Others, like Tommy, feel the need to express themselves as individuals. This can mean risking ridicule from others who might not appreciate your creative expression. It's a tougher way to go, and it takes a little more guts to wear clothes that stand out from the crowd, but it's one step toward being comfortable in your own skin. Maybe you don't think about clothes at all, or maybe you can't think about anything else. Either way, as Tommy found out, it is good to

look at style as something that makes life a little more interesting.

Tommy's Story

Tommy loved to draw and was really into photography. Recently, he had learned how to use some image editing software by watching his older brother Blake, who was a graphic designer. Tommy loved finding new creative outlets. He saw them as a way to express himself.

But as much as he liked creativity, he never really felt comfortable with the way he dressed. Tommy attended a school where everyone pretty much dressed the same. Lately, his classmates had been following preppy trends and shopping at the same stores at the mall. They wore shirts with logos displayed across the fronts. Tommy halfheartedly wore the same brands. But he never really felt like his clothes reflected who he was, and that disappointed him.

One girl at Tommy's school, Jen, definitely had her own sense of style. Tommy couldn't really explain what was different about her, but it was obvious that she didn't shop at the same stores as the rest of the kids at their school. Tommy didn't

know Jen well, but he respected her confidence to do her own thing.

Think About It

- Why do you think Tommy struggles with his clothing choices?
- How important is it in your school to look a certain way? Do you think people make it more important than it should be, or less?
- What do your clothes say about you?

On the first day of the new quarter, Tommy walked into the art studio for his drawing class. As he looked for a place to sit, he saw Jen in the corner. He had never had a real conversation with her before, but he thought now was his chance.

"Hi," Tommy said as he pulled up a stool at the drafting table next to her. "Is it okay if I sit here?"

"Sure," Jen answered, smiling. "Is this your first drawing class?"

"Yeah, but I do a lot of drawing on my own," Tommy replied. "How about you?"

"Same," Jen answered. "I'd like to go to art school someday, so I thought I'd better learn how to draw the right way."

"What do you draw?" Tommy asked.

"Mostly just doodles. But I design clothes, too. My mom taught me to sew, so sometimes I make my own stuff." Jen opened her notebook to show Tommy her drawings. The dress on the page looked exactly like the dress she was wearing.

"Wait, you made your dress?" Tommy asked, impressed.

"Yup," she said, grinning.

Now Tommy knew why Jen always looked different from everyone else. He knew some of the other girls made fun of her for dressing differently, but he thought it was cool she was so sure of herself. Tommy wished he had the guts to dress how he wanted with confidence.

Tommy and Jen talked some more until the teacher started class. They found out they had a lot of similar interests. They sat next to each other every day in drawing class and even started hanging out on the weekends.

Think About It

- **Why do you think Tommy wanted to sit by Jen? Have you ever found a friend who had a lot of things in common with you?**
- **Why do you think Tommy is glad to meet a girl who is sure of herself?**

"Hey, do you want to go shopping?" Jen asked Tommy one day. They were sitting on the grass in Tommy's backyard. Jen was sketching out a new skirt to sew, and Tommy was using his laptop to adjust the exposure on a digital photo.

"Sure," Tommy replied. "I'll ask my mom if she can drop us off at the mall."

"I wasn't talking about the mall," Jen said. "There's a store I want to take you to. We can walk there."

"Okay . . . " Tommy replied, not sure what to think. But he packed up his laptop and went inside to grab his shoes. "Let's go," he said when he came back.

Jen led the way. Soon, they arrived at a thrift store Tommy had passed a hundred times on his way to school. He had never before thought to go in.

Jen swung open the door. "Hey, Pete!" she called to the guy at the front counter. "Got anything new today?"

"Hi, Jen," Pete replied. "Yeah—someone dropped off a whole bunch of hats and shoes. Take a look. They're in the back."

"Thanks!" she exclaimed, pulling Tommy to

the back of the store.

Looking around, Tommy saw tons of clothes folded on tables and hanging on racks. None of the clothes looked like things the guys in his class wore, but some of them really caught his eye. Jen took a hat off of a mannequin and put it on Tommy's head. It was flat on top and had a brim that went all the way around—definitely not like the baseball caps all his friends wore.

"Look in the mirror!" Jen urged.

Tommy saw his reflection. He had to admit he looked pretty good.

"It looks awesome!" Jen exclaimed. "None of the guys at our school wear stuff like that."

Exactly, Tommy thought. He would definitely stand out. But he couldn't decide if that was a good thing or a bad thing.

Think About It

- **Why do you think Tommy and Jen get along so well?**
- **Why do you think Tommy is concerned about standing out if he wears a different kind of hat?**
- **Have you ever worn something that you loved, even if it was a little out of your comfort zone? How did your friends react to it?**

Tommy was surprised to find out the hat

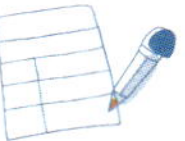

was only $3. He bought it and wore it home. He was glad Jen had suggested shopping at that store. For the first time in a while, Tommy felt like he was wearing something that reflected who he was.

But on Monday morning, Tommy didn't feel quite so confident. He got dressed and looked at the hat on his dresser. What would the guys say when he walked into homeroom wearing it? Would they like his new look, or would they make fun of him?

Tommy took a deep breath. He grabbed the hat and put it on. Well, he thought as he walked out the door, only one way to find out.

Think About It

- **Why do you think Tommy is so nervous about what his friends will say about his new look?**
- **Do you ever feel concerned that others will judge you based on what you wear? If so, why?**

Ask Dr. Robyn

Tommy was just starting to become aware of fashion and style. So much of how we feel about ourselves is based on what we wear and how we look. Sometimes we are afraid to express ourselves as individuals, so we conform to what everyone else is doing. Finding the look that feels good to you often takes confidence and a willingness to think outside the box, as Tommy found out.

The main thing to keep in mind is that while your clothes and your style might say something about you, it's the person inside that really counts. So while you might give some thought to what kind of person you are and let that guide you in how to dress, you can let yourself have a little fun with changing your look. It's not a matter of life and death, after all. Just keep experimenting. Eventually, like Tommy, you'll get the hang of it.

Work It Out

1. Be comfortable with yourself. Often when we have trouble finding a style, it's actually because we're not sure about who we are. Think about that first and then maybe the type of clothing and style you wear will suggest itself.

2. Approach style with a sense of fun. It's easy to get caught up in how you look, but remember that dressing up is something we're supposed to enjoy. Treat it like a game and you won't feel so much pressure.

3. Don't be afraid to copy. If you're not sure about what you want to wear, it's okay to copy what you see. Eventually, as you get more comfortable, you can branch out into your own individual style.

4. Experimenting is good—don't be afraid to try something new and different. You might even find other people copying your look.

The Last Word from MK

I hope Tommy's story has made the idea of fashion and style a little less awkward for you. Dealing with the pressure to dress a certain way can be tough, especially if you want to dress different from those around you. Anyway, it's the person who wears the clothes that's really important. If you keep that in mind, you might find that shopping for a look is actually something you enjoy.

Chapter 8

The Slim Singer

When most guys think about problems with food, they think about people who eat too much and gain weight. And of course, overeating isn't healthy for our bodies. But some people eat too little, sometimes to the point of starving themselves. This behavior is just as unhealthy as eating too much because, as everybody knows, you can't live without food. People used to think that only girls could have these kinds of eating disorders. But it turns out, as Dinesh can attest, that starving yourself—or anorexia nervosa, as it's called—is a struggle that both boys and girls share.

Dinesh's Story

Everyone at Dinesh's school knew he was a great singer. He even sang the national anthem at the conference championship baseball game. But

now things were getting serious. He was going to enter the state talent contest. His parents were talking about reality television shows. Dinesh had high hopes for his future as a singer, and he didn't want to let himself—or his parents—down.

Dinesh spent a lot of time practicing in front of the mirror. He scrutinized his appearance daily, and he began to think he looked much heavier than most of the singers on television. He began to worry he was too fat to make it as a performer. So he started jogging to school every day and skipping lunch. He weighed himself after every shower to see how much weight he had lost. But it didn't seem like he could lose weight fast enough.

Think About It

- **What changed Dinesh's attitude about his body? Do you think Dinesh's new attitude is healthy? Why or why not?**
- **Why do you think Dinesh felt so much pressure to succeed? Are there areas in your life where you feel a lot of pressure to win or do well? What are they?**

Even though the scale told Dinesh he was dropping pounds, every time he looked in the mirror, he thought he looked bigger. He turned to the Internet to find faster ways to lose weight. Online, he found all kinds of strange advice. Sometimes he

would eat only eggs, and for dinner he might eat a burger but leave the bun on his plate. Sometimes he just drank protein shakes. Sometimes he'd tell his mom he ate at a friend's house and that's why he wasn't that hungry. If she pressed him to eat something, he would take his dinner to his room, claiming he needed to study. He'd come back to the kitchen to throw it away when his parents were in the den watching television. A lot of days, he ate nothing at all. He always felt best about himself when he didn't eat—like he had achieved something.

Dinesh started pushing himself even harder in his workouts. He did push-ups and sit-ups in his room at night, telling his parents he was finishing his homework. Dinesh placed a chart over his bed so he could measure his progress.

Think About It

- Why do you think Dinesh lies to his parents about his diet and exercise plans?
- How might it be dangerous to try a diet that is not recommended by a health professional?
- Is working out excessively a problem? How do you know if you are going too hard?

Before long, Dinesh began having trouble at school. Sometimes trying to concentrate made his head hurt. All he could think about was his rum-

bling stomach. But he would try to forget it and push himself as hard as he could at rehearsals. There were only two weeks left until the talent contest, and he was worried he wasn't prepared enough.

One day after school, Dinesh was rehearsing with Mr. Dulane, the musical director, when he started to feel strange. His head was throbbing, and he felt a little nauseous, too. He ignored it.

"Okay, Dinesh, let's try that last song one more time," coached Mr. Dulane.

Dinesh was exhausted, but he started the song again. When he got to the last note, he threw his fist in the air. Suddenly, everything went black. When he came to, he saw Mr. Dulane and the school nurse leaning over him.

After examining Dinesh, the nurse brought him some water. "What happened, Dinesh?" she asked. "You're much thinner than the last time I saw you. Tell me about what has been going on in your life lately. Have you been sick?"

Dinesh felt weird. He knew something was wrong with his body, so he told the nurse about what he had been doing to lose weight and what he saw when he looked in the mirror. The nurse told him she would call his parents to come to the school for a meeting. Then she asked Dinesh, "Do you know what eating disorders are?" Dinesh was

shocked she had even asked him that. He thought eating disorders were something only girls got.

When Dinesh's parents arrived at the school, they all sat down together with the nurse. Dinesh's guidance counselor, Mr. Morris, was there, too.

"I'm concerned about what happened to you, Dinesh," the nurse began. "You've lost a lot of weight recently, and from what you told me about your eating and exercise habits, you haven't been eating enough to keep your body healthy. It's time to make some changes. Consider this a wake-up call."

Dinesh took a deep breath. He was embarrassed, but he confessed that he always felt fat. He wanted to look his best at the state talent contest, but every time he looked in the mirror, he felt like he was gaining weight. Just saying the words out loud made Dinesh realize his habits were not healthy, but he didn't know how he was going to get better because he still wanted to get even thinner than he was. He needed help, and he was thankful his parents, the school nurse, and Mr. Morris were there to get it for him.

Think About It

- Why do you think people associate eating disorders with girls? Why is that dangerous?
- Were you ever unhappy with your weight? What are some healthy things you can do to feel better about your body?

Ask Dr. Robyn

Unhealthy dieting to the point of starving yourself has been linked to a variety of factors. Researchers have found some people are more genetically prone to these kinds of behaviors. The messages they receive from the media, friends, and even parents can bring out those behaviors in them. Sometimes when kids have problems getting the approval of a parent, they can get into some pretty extreme behaviors, such as eating disorders. While people generally associate anorexia with girls, the fact is that about one in ten anorexias is male.

To make matters worse, kids can find a lot of harmful information on the Internet. Some may not know how to separate the good advice from doctors, nutritionists, and other qualified professionals from the bad advice, sometimes given by people who try to encourage dangerous dieting in others! Without help, young people with anorexia face all kinds of dangers: not just loss of concentration, depression, and damage to muscle and bone development, but they can even suffer a heart attack. So if you think you or someone you know might have an eating problem, it's important that you get help right away. It truly is a matter of life and death.

Work It Out

1. Learn what makes a healthful diet. Understand

how much a guy needs to eat every day to remain healthy.

2. Learn your ideal weight range. Knowing the range of correct and healthy weights for someone your age and height will help you tell the difference between healthful and unhealthful eating and exercise.

3. Exercise is good, but in moderation. An hour or so of exercise a day is generally considered healthy. If you find yourself exercising too much to the point of injury or to burn off excessive calories, this might be a warning sign.

4. Get help! Eating disorders are too difficult and dangerous to handle alone. If you suspect you have a problem, you need to tell someone about it.

The Last Word from MK

Lucky for Dinesh, he got the help he needed in time. But when it comes to something as important as our health and our lives, we shouldn't rely on luck. Don't ignore the signs of an eating disorder just because you don't think it happens to guys. It does. And the most important thing is getting the right help in time.

BOY

Chapter 9

The Cupcake Kid

At some point in your life, you'll probably notice that a line gets drawn between activities that are seen as "feminine" and those that are seen as "masculine." Lots of times, if you like to do something that too many girls (and not enough guys) like to do, you might start being ashamed of it. Or, you might even pretend you don't like it because you're afraid of being called a girl . . . or worse.

Figuring out who we are as men isn't easy, especially with all the pressure to act one way or another. But the important thing is not to be afraid or ashamed of who we are and what we like to do. That takes a lot of courage. But, as Mickey learned, there's nothing more manly than that.

Mickey's Story

As Mickey tried to work the lathe in the school's carpentry workshop, he thought about how much he hated the smell of sawdust and the sound of hammering and sanding. Instead, he wished he could be doing something he was good at, such as baking.

Mickey had long ago learned how to make peanut butter cookies from scratch. From there, he had moved on to cupcakes, muffins, and even more complicated pastries. Often he would look through his mom's cookbooks for some recipes he could try.

But a few weeks ago, something had happened that made Mickey embarrassed about his love for baking. All the eighth graders were required to take a course in home economics, and they were starting a food unit. Mickey was ecstatic at the thought of learning new baking techniques. But Matt, a guy in Mickey's class, thought otherwise.

"Baking is a total girl thing," Matt said to the guys after class. "Who would want to do something so stupid?"

When Mickey finally signed up for an after-

school activity, he did not join the Baker's Dozen, the baking club at his school. Instead, eager to prove that he wasn't into "girly" stuff, he signed up for the Young Carpenters.

Think About It

- Do you think it's okay for Mickey to be interested in baking? Why or why not?
- Are some things automatically girl things and others guy things? What makes it that way?
- Do you think Mickey belongs in the Young Carpenters? Why or why not?

At first, Mr. Slydell, the teacher in charge of the Young Carpenters, tried to give Mickey some extra help. But Mickey didn't seem all that interested in learning about the tools. Finally, Mr. Slydell said, "You know, Mickey, you're more than welcome to be part of the Young Carpenters. But frankly, I'm wondering why you want to. You don't seem to like being here."

"Well, I'm just not sure this is really what I want to do," Mickey answered. "What I really enjoy," he finally admitted, "is baking."

Mr. Slydell laughed. "Well, then what are you doing here?" he asked. "Why aren't you part of the Baker's Dozen?"

"It's all girls in there, and the other guys would think it's weird," he answered.

"Mickey, I can see why you might be embarrassed to sign up for baking club. But just because baking is something that more girls in our school like to do than guys doesn't mean guys can't do it, too. If you like to do it and you're a guy, then that's all you need for it to be a guy thing for you. You might even make it easier for other guys to join."

Mickey had never thought of it that way.

Mr. Slydell told him lots of cooks and pastry chefs were men. "In fact," he added, "I like to whip up a few treats myself on the weekends."

Think About It

- What do you think about Mr. Slydell's advice? Does it make sense to you?
- Have you ever kept something a secret or pretended you didn't like it because you were afraid it was too girly? What was it? What did you end up doing?

With Mr. Slydell's help, Mickey was able to switch clubs. His first project was to make a pineapple upside-down cake. It came out so well that he decided to bring it to the carpentry club and share it. He didn't know if he should admit he

made it, but the cake was so popular that it was gone in a few minutes.

"C'mon, Mickey, where'd you get that?" Fong, one of his classmates, badgered him.

"Tell us!" Josh practically shouted. "Did your mom make it?"

"No," Mickey hesitated. "I made it . . . in the school kitchen."

"Seriously?" asked Fong, impressed. "Wow. I wish I knew how to make a cake like this."

"Well, you can learn," Mickey answered. "Why don't you join the Baker's Dozen?"

Think About It

- If some of Mickey's friends thought baking was a girl thing at the beginning of the story, what do you think changed their minds?
- Have you ever changed anybody's attitude about something? What was it? How did you do it?

Ask Dr. Robyn

Like a lot of people at his age, Mickey feels pressured to act a certain way. Often, a guy can feel ashamed of doing things that aren't considered manly or masculine. Sometimes other people try to shame us. Other times, because we see these attitudes everywhere, we simply bring this shame onto ourselves. But for Mickey to be able to develop into the man he's meant to be, it's important for him to pursue his interests. Otherwise, his talent would just go to waste.

The funny thing is, there's nothing that really makes any activity—be it baking, knitting, carpentry, or football—manly or girly except for how many boys or girls choose to do it. Sometimes it only takes one or two people to challenge these labels, and suddenly everyone sees that the labels are just silly. Being that first person to stand up can be scary. But if you stay with it, it won't be long until you find other people joining you.

Work It Out

1. Educate yourself. No matter how girly you think your activity is, it's guaranteed that some men and boys have done it before—and probably have done it well. A little research can save you a lot of worry.

2. Share your interest with someone you trust. Having a friend you trust and respect can help you feel better about yourself. Once you share your interest, you often realize it's not so bad. Maybe other guys even share it—or at least admire it—too.

3. Find like-minded people. Look for others who share the same interests you do, whether they are boys or girls. Being around them will make you feel more comfortable.

4. Learn to trust yourself. If you like doing an activity or a hobby, that's more than enough reason to do it, no matter what others might think.

The Last Word from MK

Sometimes we can really drive ourselves crazy trying to figure out what is manly and what is girly, when there really is no such thing. But all we have to do to change that is to be ourselves and be open about it. Strange as it might sound, this might actually be something women know more about than men. That's why today you have female doctors, firefighters, and kickboxers, and nobody thinks too much about it. If they can do it, you can do it, too.

Chapter 10

The "Short" Stop

When you're young, you get a lot of people telling you what to do: parents, teachers, coaches, camp counselors, maybe even your older brother or sister. So it's natural to think how great things would be if only you were in charge for once, right? Well, not so fast. Leadership comes with its own set of problems. Once you're put in charge of your younger siblings, chosen to organize a party, or made captain of your school team, you suddenly find that out. If you're too friendly, then maybe nobody takes you seriously. And if you're too tough, you might make people afraid of you.

Maybe you feel, as I did, that you're not a natural-born leader. Very few of us are. We might worry whether we have what it takes or how

we feel about getting people to follow us. And what about the people you are supposed to lead? They've got their own personality traits, too. The best you can do is take some advice from other successful leaders, and then try to work the rest of it out for yourself. If you can do that, then, like our "short" stop here, you can rise to the challenge.

Max's Story

Max was used to always being the short guy. When it came time for class photos, Max knew he would be put in front. Still, he got good grades, had plenty of friends, and played shortstop on the school baseball team. The other guys would often call him "Shorty," but he knew that was just their way of kidding around. Max was a valuable player to the team. The coach would call him a "thinking player" because he always seemed to position himself just where the batter would hit the ball, and he chose his moments carefully when running or stealing bases.

It was no surprise when the coach announced that he was appointing Max to be team captain. The team cheered. Taylor, the left fielder,

patted Max on the head and said, "Way to go, Shorty!" Max threw Taylor's hand off his head and said, "Don't ever call me that again."

"Whoa," Taylor replied. "I'm only trying to congratulate you. Whatever. Chill out, bro."

Think About It

- Why do you think Max reacted the way he did? Have you ever treated anyone like that? Why?
- Why do you think Taylor reacted the way he did? What would you have done?
- Was this a happy occasion for Max? Why or why not?

Max took his role as captain seriously. If the other guys were supposed to look up to him, Max felt like he needed to step up his game. So when it came time to practice, Max tried to sound really strict, barking commands at his teammates. He felt like he knew how to handle being in charge.

Off the field, though, it was a different story. It wasn't like anybody was being particularly unfriendly, it's just that they didn't seem to come together as much as they used to. One day, Max caught up with Taylor after school and asked him where he was going. "Uh, I'm just going home," Taylor said. "I think my mom wants me to help her with something." Later, Max passed

Boss Burgers and noticed Taylor and his other teammates sitting around some tables, laughing and eating fries. Max turned quickly and headed home.

"What happened to you?" his brother Charlie asked him when he got home. "You look like you got hit in the stomach with a line drive." Max was angry with himself for feeling so hurt over what his teammates did. But he was even more embarrassed that his brother could tell right away.

"Can you just shut up?" Max shot back to him as he slammed his bedroom door.

Think About It

- Have you ever found out that people you thought were your friends had all gone somewhere and didn't invite you? What happened? How did you feel?
- Do you think Max is a good captain? Why or why not?

After Max calmed down, he realized he was acting like a jerk. His brother had given him good advice in the past. Charlie had been a team captain and also was the leader of the high school band. Maybe he could tell Max something about being in charge.

"Hey, Charlie," Max said as he hit the couch

next to his brother.

"Yeah, what's up?" Charlie responded, looking up from his homework.

"I don't know if I have what it takes to lead my team," Max finally said before the whole story poured out of him. "Everybody always treated me like a little guy, so I thought I should be extra tough now that I'm captain," he told Charlie. "But does that mean I have to give up my friends?"

"Well, it's true that a captain needs to command respect," Charlie said. "But it might also be true that being made captain made you think more about your size than you should. There are many ways to be a big man. Sometimes, that means knowing when to take it easy on people."

Think About It

- **Have you ever been treated differently just because of the way you look? What happened?**
- **What do you think of Charlie's advice? Would you take it? Would you give the same advice to someone else?**

The next day, Max saw Taylor standing alone and went over to talk to him. "Hey, Taylor," he said. "I'm sorry I jumped on you last week. I guess I was just worried about not getting respect on the field when I'm trying to lead the team."

"Everyone respects your skills," Taylor said. "It's just that you changed, and nobody is really sure how to treat you . . . or even what to call you!"

Max thought for a minute and said, "Well, as long as you respect me when we're at practice, I suppose you can call me whatever you like. Deal?"

"You got it, Captain Shorty," Taylor said with a grin. "Oh, by the way, the guys are all meeting down at Boss's. Last one there buys!"

Think About It

- Do you think it is good or bad for a team captain to apologize? Does that make Max look stronger or weaker?
- What does respect mean to you? How important is it for a leader to be respected?

Ask Dr. Robyn

Leadership can be very confusing. For most of our lives, we have been used to having one set of people as authorities—our parents, teachers, camp counselors, etc. And another group—our classmates, brothers and sisters, and neighbors—are more or less equals or what we call "peers."

Not only is Max learning to lead, he is also confronting his concerns about his height and how he is viewed by his peers. How does he get people to look up to him when they must always look down? Max is correct to insist on respect, but he has to be careful not to be too harsh. He not only risks his friendships, but it also might be bad for the morale of the team. Finding the right mix is up to every guy to figure out for himself. The important steps Max took were learning to take advice from someone with experience and communicating with his teammates. And humility and good communication skills are important for every leader—no matter what size.

Work It Out

1. Practice good communication skills. Learn to ask questions, speak clearly, and explain yourself in plain language. If people can't understand what you want, you'll never be able to lead them there. And don't forget to listen, too!

2. Do you know and trust someone who knows how to lead people? Then don't be ashamed to ask for their advice. If not, some schools and other organizations offer leadership training programs where you can learn some basic leadership skills.

3. Don't be afraid to make mistakes, but don't be afraid to correct them either. Apologizing takes courage and humility, but owning up to mistakes is a big part of growing up. Like many things in life, leadership is a lot of trial and error.

4. Set boundaries. Leadership should be respected, but being a leader doesn't automatically make you better than anybody else. Learn to set boundaries for being a leader. Outside of that, just be one of the guys.

The Last Word from MK

Are you ready to take charge? Well, hold on a minute. Leaders must earn respect, not demand it. Start by modeling the behavior you want to see in the people you lead. And remember to leave yourself open to learn from your mistakes. Some of us may be taller, some of us may be shorter, but we can all grow.

A Second Look

I think you can now see that most people seem to struggle with how they want to act versus how they are expected to act (or sometimes just how they *think* they are expected to act!). Hopefully you now have a few more tools to help you find your way.

Certainly, one of the most important of these is communication. Notice how it came up again and again? That's because if you keep things to yourself, it's hard for people to know what you're thinking. It's also hard for you to correct any mistaken impressions you may have about others.

Next, don't be too proud to admit your mistakes and take action to apologize when necessary. Nobody is perfect! Just remember that mistakes can be tools to help us learn how to correct our actions the next time around. So don't live in fear of failure—instead, recognize that mistakes, which are a fact of life, don't have to be regrettable if you choose to learn from them.

Another important tool is the ability to resist peer pressure. Resisting the urge to do something simply because "everybody else is doing it" is one of the most difficult obstacles to overcome when we're growing up. The pressure may take the form of "Guys are supposed to do this," or "Real men don't do that." It takes a lot of inner strength and confidence to keep your head when you hear things like that.

But here's good news: There is a way to totally simplify this problem. First, separate out the activities to avoid because of the obvious dangers to your life and your health. Once you've done that, you are free—as in, free to try, free to succeed, and free to make as many mistakes as you need. Because as long as you're willing to learn from those mistakes, they bring you one step closer to the person you were always meant to be. I wish you well on the journey and hope you remember to enjoy yourself along the way!

Good luck,

MK

Pay It Forward

Remember, a healthful life is about balance. Now that you know how to walk that path, pay it forward to a friend or even yourself! Remember the Work It Out tips throughout this book, and then take these steps to get healthy and get going.

- Open and honest communication is key. Secrets, lies, and deceit only make problems worse. The first step in resolving any kind of problem is to be open and honest about what the problem is.
- Never be ashamed to admit you don't know something. Nobody is born knowing everything. So when you find yourself confused about something, ask a person you trust about it. You're probably not the only person who doesn't know—it's just that the others were too embarrassed to ask.
- When you need to say no, say it firmly. In some cases, you might feel pressure to do something that's criminal or dangerous, but don't beat around the bush. Look the person in the eye and

say no. If the pressure doesn't stop, leave.

- Knowledge is power. The more you know, the better decisions you will make. We are fortunate to live in an information age where so much knowledge is easy to find. But always be careful when getting information from the Internet. Only use trusted and reliable sites.

- Don't be afraid to ask for help. Some serious problems such as drug and alcohol addiction, depression, or anorexia are too difficult for a person to solve on his own. Learn to reach out when you need professional help.

- Accept yourself the way you are. Of course it's fine to want to improve ourselves, whether it's to run faster, learn more, build more muscle, or lose some fat. But never be ashamed of who you are, what you look like, or how you feel.

- Make friends with your mistakes. We can often be very hard on ourselves when we realize that we messed up. Don't be. Mistakes are our best teachers.

- Don't forget that you're a role model, too. While you're looking to others to figure out how to act, others are looking to you. Try to be the best role model you can be and be ready to share what you know with others.